LAS CONTROVERSIAS DE LA FE

LAS CONTROVERSIAS DE LA FE

Ernesto de la Peña

AGUILAR

LAS CONTROVERSIAS DE LA FE
© D. R. 1997, ERNESTO DE LA PEÑA

De esta edición:
© 1997, D. R., Aguilar, Altea, Taurus, Alfaguara, S.A. de C.V.
Av. Universidad 767, Col. del Valle
México, 03100, D.F.
Teléfono 688 8966

- Distribuidora y Editora Aguilar, Altea, Taurus, Alfaguara, S.A.
  Calle 80 Núm. 1023. Bogotá, Colombia.
- Santillana S.A.
  Torrelaguna 60-28043. Madrid.
- Santillana S.A., Avda San Felipe 731. Lima.
- Editorial Santillana S. A.
  Av. Rómulo Gallegos, Edif. Zulia 1er. piso
  Boleita Nte. Caracas 1071. Venezuela.
- Editorial Santillana Inc.
  P.O. Box 5462 Hato Rey, Puerto Rico, 00919.
- Santillana Publishing Company Inc.
  2043 N. W. 87 th Avenue Miami, Fl., 33172 USA.
- Ediciones Santillana S.A.(ROU)
  Javier de Viana 2350, Montevideo 11200, Uruguay.
- Aguilar, Altea, Taurus, Alfaguara, S.A.
  Beazley 3860, 1437. Buenos Aires.
- Aguilar Chilena de Ediciones Ltda.
  Pedro de Valdivia 942. Santiago.
- Santillana de Costa Rica, S.A.
  Apdo. Postal 878-1150, San José 1671-2050 Costa Rica.

© Diseño de cubierta: Carlos Pallleiro.

© Foto: Lourdes Almeida, tomada del cuadro *La incredulidad de Santo Tomás* de Sebastian López de Arteaga.

Primera edición: noviembre de 1997
Segunda reimpresión: enero de 1999

ISBN: 968-19-0403-6
Impreso en México

Todos los derechos reservados. Esta publicación no puede ser reproducida, ni en todo ni en parte, ni registrada en o transmitida por un sistema de recuperación de información, en ninguna forma ni por ningún medio, sea mecánico, fotoquímico, electrónico, magnético, electroóptico, por fotocopia o cualquier otro, sin el permiso previo, por escrito, de la editorial.

Índice

✥

¿Quién fue Tomás?
9

El "ciclo" tomasino
37

El evangelio de Tomás
Narraciones acerca de la infancia del Señor
43

Los enunciados de Jesús hallados en Oxirrinco
65

Tratado de la infancia de Jesús, según Tomás
79

El evangelio de Tomás encontrado en Nag Hamadí
99

Bibliografía
145

¿Quién fue Tomás?

Los doce seguidores directos de Jesús, los que él mismo destinó a difundir su buena nueva por el mundo entonces conocido —de allí su nombre de "apóstoles", los enviados, los embajadores de la palabra cristiana— no ocupan sitiales de la misma importancia en la tradición religiosa. Al lado de Pedro, de Juan, del mismo Judas... quizás de Santiago, los nombres de Bartolomé, Andrés o Felipe casi desaparecen. La piedad cristiana les reserva igual alcurnia, discípulos al fin y al cabo del fundador, pero no acuden con la misma urgencia a la memoria de los fieles ni aparecen y reaparecen en los textos o en las recordaciones piadosas con igual frecuencia que el primer pontífice, o que el discípulo amado o que el propio, abominable traidor, indispensable para colmar el odio de los fanáticos.

Tomás parecía, hasta hace poco, ocupar un lugar medianero: figura evanescente según la narración evangélica, sólo salía de la penumbra para mostrar una abnegación que no suscitó eco alguno ni en el maestro ni en los pupilos, al menos en el texto evangélico, para decir que los datos que Jesús había dado a sus discípulos eran insuficientes para seguirlo a donde fuera y, finalmente, para dudar de que Jesús, su señor, quizá su hermano y, por añadidura, su hermano gemelo (si hemos de confiar en lo que el nombre significa y en una tradición ya varias veces centenaria) hubiera vuelto del reino de la muerte. Y después de estas actitudes escuetas y casi siempre retadoras, volvía a envolverse en las consejas y la confusión, como cuando se dice que viajó hasta la India para propalar las enseñanzas de Jesucristo. Pero esta versión nebulosa de sus actividades se confinaba sobre todo a quienes añadían a las lecturas pías del Nuevo Testamento la inquisición nerviosa, hasta malsana, de los apócrifos.

El nombre de Tomás acude, puntual, a las listas del discipulado que levantan los tres evangelistas llamados sinópticos: lo mencionan Mateo, Marcos y Lucas: el primer evangelista sólo hace una mención escueta al lado de Mateo, el recaudador de impuestos (el odiado *telones*) que, de acuerdo con el consenso general, es él mismo, el autor del escrito.[1] Marcos,[2] posible fuente de los otros dos sinópticos, lo sitúa en el mismo lugar, al lado de Mateo, y, finalmente, Lucas[3] procede de la misma manera, como si la posición que ocupa Tomás le hubiera sido asignada por una especie de consigna. Antes de detenernos en el sitio que ocupa nuestro personaje en el cuarto evangelio, recordemos que también se halla

---

[1] Mat., 10, 3. No me atrevería a afirmar que el unir su nombre al de Tomás indique una estimación especial. Baste señalar el lugar.

[2] Marc., 3, 18.

[3] Luc., 6, 15.

mencionado en los *Hechos de los apóstoles*,[4] donde se encuentra después de Felipe y antes de Bartolomé. Pero estaba reservado a Juan, el evangelista textualmente disidente, dar mayor relieve a un individuo que oscila entre la abnegación, el deseo de inmolarse junto con el maestro[5] y las dudas lícitas en torno a la misión evangélica y la manera de asumirla,[6] o frente al hecho inaceptable, irracional, de la resurrección, como se ha dicho arriba.[7]

Esta actitud de desconfianza, sucedida por el arrepentimiento,[8] encamina a Tomás por la ruta de la obediencia, una obediencia que no es sino una renuncia voluntaria a sí mismo y una entrega a la misión de los

---

[4] 1, 13.

[5] Cuando Jesús anuncia a sus discípulos que ha decidido regresar a Judea para visitar a Lázaro, Tomás, que parece leer entre líneas, dice: "Y Tomás, llamado Dídimo, dijo entonces a sus compañeros discípulos: —¡Nosotros vayamos también a morir con Él!" (Juan, 11, 16). (Las versiones de los textos evangélicos son mías. *Los evangelios según Mateo, Marcos, Lucas y Juan*, México, Aguilar, 1996.)

[6] Con sensatez muy comprensible en esas circunstancias, Tomás hace una objeción a Jesús, que afirma que los discípulos conocen el camino que conduce a donde él se dirige: "Tomás le dijo: —Señor, no sabemos a dónde vas ¿cómo es que podemos conocer el camino?", a lo cual Jesús responde diciendo que él es el camino, la verdad y la vida (Juan, 14, 5).

[7] Cuando los demás apóstoles informan a Tomás que acaban de ver a Jesús resurrecto, él dice. "—Si no veo en sus manos la huella de los clavos y meto mi dedo en el lugar de los clavos y meto la mano en su costado, no lo creeré jamás" (Juan, 20, 25).

[8] El episodio de la duda se resuelve en un contrito *¡Señor mío y dios mío!*, (Juan, 20, 28) que sella para siempre la fidelidad de Tomás a Jesús, el Jesús que, según la enseñanza eclesial, se ha convertido en Cristo.

demás apóstoles: la difusión de la doctrina de Jesús por todos los rincones de la tierra. A partir de esta decisión puede aceptarse, al menos como una posibilidad, que haya ido hasta la India que, en aquellos días lejanísimos, parecía encontrarse tan remota como la luna. Pero, antes de escudriñar su viaje al país del budismo, doctrina que tiene más de un punto de contacto con la que preconizaba Jesús, ocupémonos de otro aspecto interesantísimo (y menos arcano, por supuesto) de lo que podríamos llamar "el horizonte de Tomás". Porque ya hemos arribado, con una rapidez desconcertante, al límite de lo que ha dado en llamarse la "historicidad" del apóstol incrédulo, historicidad delimitada por el testimonio de los cuatro evangelios canónicos...

La personalidad contradictoria e inquietante de este apóstol, su relativa excentricidad en el conjunto de los discípulos de Jesús (se dan en él, en efecto, altibajos de devoción y rechazo, de proselitismo incondicional y dudas inclementes, que llegan a exigir sumergir la mano en la herida reciente como el único medio para desvanecerse) pronto dieron origen a una flora extraña, pero previsible: la literatura apócrifa tomasina.

Esta floración no sólo es exuberante: también corre paralelamente a la historia, rozándola a menudo, aunque transformándola casi siempre bajo los ropajes de lo legendario, manera sumamente eficaz de suscitar confusión... pero al mismo tiempo medio excelente para generar devociones y dar nacimiento a cultos más o menos heterodoxos y no raras veces poéticos. Por ende, a pesar de las sospechas múltiples que ha suscitado a lo largo de la historia, la personalidad de Tomás se ha ido complementando con los datos e incidencias que aparecen en estas obras.

La fuente principal para conocer sus actividades con detalle es la obra llamada *Los hechos de Tomás*, largo apócrifo conservado en siriaco y griego y que denota en muchos pasajes su origen gnóstico. Este carácter sectario se observó desde temprano y se insistió tanto en él que quien tenga la curiosidad suficiente para consultar las fuentes viejas verá que hay autoridades que no vacilan en atribuir los *Hechos* al propio Bardesanes, uno de los jefes de bandería heterodoxa más notables de aquellos días.

Harnack asignó al documento una antigüedad considerable, pues arguyó observaciones que podrían situarlo hacia el año 220. Casi no puede haber duda razonable ahora de que el documento se originó en Edesa, verdadero emporio de la cultura siriaca. Parece apoyar este aserto una afirmación que se hace en el propio documento: que las reliquias de Tomás, que se veneraron en esa ciudad,[9] habían llegado a la misma procedentes del Oriente. Esto confirma, hipotéticamente, la narración de los *Hechos* acerca de las actividades evangelizadoras del apóstol en la India. En la tradición siriaca vamos a encontrar la forma doble del nombre (Judas Tomás) que tomó carta de ciudadanía hace poco tiempo, gracias a los más recientes descubrimientos.

Por otra parte, Tomás es llamado también *dídymos* palabra que, en griego, significa gemelo. De aquí parte una hipótesis aventurada del estudioso Rendell Harris: afirma, en efecto, que se alude al culto de los Dióscuros, antecedente a la entrada del cristianismo en Edesa. Es decir, los gemelos Jesús y Judas (o Tomás) vendrían a ocupar el papel de aquella pareja de gemelos divinos paganos.

Los *Hechos* narran la misión del apóstol en la India. A reserva de un análisis más detenido, que haré en el lugar

---

[9] Así lo dice el viejo texto edificante conocido como *Peregrinatio Sylviae*.

correspondiente, la historia dice que cuando se dividió la misión apostólica mundial en sectores, a Tomás le cayó en suerte catequizar la India. Nada complacido con ello, declaró que no se sentía capaz de ir, pero Jesús, que ya había muerto (y resucitado, según la leyenda) se aparece de manera preternatural a Abán (o Abanes), enviado de Gundáforo, rey de una región de la India, y le vende a Tomás como esclavo, aunque en trabajo de carpintero. Abán y Tomás emprenden el viaje y llegan a la ciudad de Andrápolis, donde asisten a las festividades del matrimonio de la hija de Gundáforo. Tomás, tras cuya apariencia habla Cristo, exhorta a la princesa a permanecer virgen.

El compromiso de Tomás al venir al subcontinente hindú es construir un palacio para el rey Gundáforo pero, caritativa y dispendiosamente, gasta el dinero destinado a esa obra en hacer limosnas a los pobres. Gundáforo lo encarcela entonces, pero el hecho de que el apóstol pueda escapar milagrosamente tiene por resultado que el monarca se convierta a la verdadera religión, el cristianismo. La suerte del apóstol, que hasta este momento ha sido benigna, se acaba cuando convierte a la doctrina cristiana a Tercia y a Vazán, que son, respectivamente, esposa e hijo del rey Misdai. Condenado a muerte, es llevado a una colina donde cuatro soldados lo atraviesan con sus lanzas.

Una vez muerto, se entierran sus restos primeramente en las tumbas de los antiguos reyes del lugar, pero más tarde, como vimos antes, sus despojos son trasladados al Occidente, donde se seguían venerando en el momento en que este documento circulaba profusamente entre los cristianos. Una coincidencia inquieta en el relato por lo que atañe a la posible historicidad del mismo: se sabe que hacia el año 46 de nuestra era había en la India (en la región septentrional que ocupan actualmente Afganistán,

Beluchistán y el Punjab) un soberano llamado Gondofernes o Gudufara. La similitud del nombre difícilmente podría atribuirse a la casualidad. Ahora bien, no se ha dejado de suponer que el autor de los *Hechos de Tomás*, empeñado en que se creyera en sus relatos, pudo haber rebuscado nombres reales con que bautizar a sus personajes.

Pese a que esta indianización de la prédica cristiana aparece temprano en la literatura patrística (la mencionan San Ambrosio, Efrén Siro, Paulino, San Jerónimo y, sorprendentemente, Gregorio de Tours), es difícil aceptar una misión tan distante, sobre todo si se toma en cuenta que el universo hindú no entraba en el esquema del mundo que se tenía en el entorno judío.[10] Sin embargo, no

---

[10] La alusión que se hace a la India en el libro de Ester, por ejemplo, parece subrayar más la excentricidad de esta obra que la incorporación de este país a la geografía religiosa de Israel. Y, por su parte, la *Historia de Barlaam y Josafat*, de tan admirable repercusión literaria (tempranamente se incorporó a la *Leyenda dorada* y aprovecharon sus temas Vincent de Beauvais, Bernardo Pulci, Shakespeare, Lope y Calderón) y verdadera joya del sincretismo bien asimilado, es tardía (no se tradujo al griego hasta el siglo XI), como lo demostraron los investigadores Laboulaye y Liebrecht hace más de cien años. Y esta demora tiene inmensa importancia en todos los aspectos religiosos, culturales y sociopolíticos que la obra refleja, ya que las condiciones del cristianismo en el medievo son radicalmente diferentes a las de su humilde origen. Sin embargo, la relación con el legendario Tomás del oriente (Tomás el hindú) se menciona en el primer capítulo debido a la trascendencia del santo como ejemplo moral, como taumaturgo y difusor de un mensaje doctrinal, ya que su prédica y su ejemplo son los antecedentes de la conversión al cristianismo del joven príncipe Josafat (que no es sino el futuro Buda, pues su nombre es un remotísimo eco de ¡Bodhisattva!) gracias a las enseñanzas que bebe de los labios del asceta Barlaam, trasunto del apóstol. La misma diversidad de los ingredientes que intervinieron en esta deliciosa historia medieval es señal de la prisa por lograr una gran penetración y una difusión amplia de la misma en la crédula y acrítica religiosidad popular, pues encontramos en el texto, hermanados por el afán proselitista, ¡pasajes tomados del *Lalitavistara* y la *Apología* de Arístides!

es posible negar que la tradición local de la región de Madrás, en torno a Mailapur,[11] por ejemplo, muestra todavía a quien quiere verla una cruz de granito con un bajorrelieve que contiene una inscripción en pehlevi, que data del siglo VII, y de la que afirman los lugareños que es el indicio del sitio en que el santo apóstol fue inmolado.

Otro hecho viene a dar respaldo a tan remota hipótesis: un grupo de cristianos, de lengua siriaca para su liturgia, se había aposentado en la costa de Malabar, en el meridión de la India, lo cual se encuentra testificado desde temprano por Cosme Indicopleusta.[12] La *Catholic Encyclopedia* (1913) alude a un obispo sirocaldeo, llamado Juan, que estuvo presente en el concilio de Nicea en 325 y que representaba a la India y Persia.[13]

*****

Un documento apócrifo, el *Libro de la resurrección de Cristo*, atribuido al apóstol Bartolomé, nos lo muestra haciendo un bautismo multitudinario (doce mil nuevos cristianos), instituyendo obispos y, lo más sugerente, montado en una nube que lo conduce al Huerto de los Olivos. En vista de la extrañeza del documento, incluyo la parte pertinente: "Tomás no estaba con ellos[14] porque

---

[11] La grafía inglesa está más difundida: Mylapore.

[12] Que, según la mayoría de las probabilidades, vivió en el siglo VI.

[13] Me adhiero a la suposición poética de que este personaje haya dado nacimiento a la plural conseja, literalmente tan fecunda, del preste Juan de las Indias.

[14] El narrador, como se indicó, es, supuestamente, el apóstol Bartolomé, que, junto con los demás discípulos inmediatos de Jesús (con la

había ido a la aldea al oír que su hijo, Siófanes, había muerto. Cuando llegó, hacía ya siete días que había ocurrido el fallecimiento. Fue [entonces] a la tumba y lo resucitó en nombre de Jesús. Siófanes le contó cómo su alma había sido tomada por Miguel; cómo había brotado de su cuerpo y había caído en manos de Miguel, quien la envolvió en un paño fino; cómo cruzó el río de fuego y le pareció que era de agua y [cómo] se bañó tres veces en el lago de Aquerusia; cómo vio en el cielo los doce espléndidos tronos de los apóstoles y no se le permitió que se sentara en el de su padre. Tomás y él fueron a la ciudad, para consternación de todos los que los vieron. Él, Siófanes, habló a la gente y le contó su historia; y Tomás bautizó a doce mil personas, fundó una iglesia y convirtió a Siófanes en obispo de la misma. Después, Tomás subió en una nube y lo llevó consigo al Monte de los Olivos y a los apóstoles, quienes le dijeron de la visita de Jesús, pero él no podía creer aquello. Bartolomé lo reprochó. Entonces apareció Jesús e hizo que Tomás tocara sus heridas y se fue más tarde al cielo."[15]

En esta narración, Tomás no está al lado de los apóstoles cuando se les aparece Jesús resucitado:[16] ha ido

---

excepción habitual de Tomás, el descreído), presencia, o sabe, cómo el maestro fue ascendido al reino de los cielos en una carroza de querubes. Sin embargo, comparece cuando, en el Monte de los Olivos, Jesús distribuye sus carismas, aunque no se menciona ninguno que le sea otorgado, a pesar de que Felipe, por ejemplo, andará por dondequiera, precedido siempre por una cruz; Bartolomé mismo será depositario de los misterios del Hijo y Mateo proyectará una sombra mágica, que sanará todas las enfermedades.

[15] James, *ibid.*, 185.

[16] La misma circunstancia se da en el relato de los evangelistas canónicos y sirve de explicación de la duda que aqueja a Tomás.

a su pueblo natal donde su hijo, Sióstanes,[17] acaba de morir. Cuando llega, han pasado ya siete días, pero Tomás, sin vacilar un solo instante, lo resucita en nombre de Jesús. Y, sin embargo, cuando le narran que el maestro ha regresado del mundo de la muerte, rehúsa creer y sólo vence su desconfianza cuando Jesús mismo le pide que introduzca la mano en sus heridas. ¿Cómo coordinar, pues, si es factible, esta historia con su actitud ante Jesús, que regresa después de sufrir martirio de cruz, enterramiento y quién sabe qué rituales ultraterrenos de revivificación y él, Tomás, es el único que, por no estar presente, niega la posibilidad del prodigio, aunque ceda más tarde? ¿Es un individuo de carácter tan errabundo que un día rechaza lo que el siguiente saluda con entusiasmo? En fin, sea cual fuere la respuesta, estas hazañas se le adjudican en el texto mencionado, que se conserva solamente en copto.

En otro apócrifo, hermoso y optimista, *La asunción de la Virgen*,[18] que alimentó la piedad medieval, Tomás regresa apresuradamente de su misión en la India cuando recibe nuevas de que la madre de Jesús está en trance de muerte: "Tomás también[19] contestó y dijo:

---

[17] Se ha visto en este nombre, sumamente extraño, una variante errónea de Teófanes, más congruente con la lengua griega y ampliamente documentado en diversos lugares.

[18] Conservada en griego (que es probablemente la versión primitiva), pero también en copto, siriaco, latín, árabe y etíope, entre otras lenguas antiguas y en muchas modernas, ya que la obrilla fue sumamente popular en la Edad Media, como se dijo arriba.

[19] El texto ha ido presentando a otros apóstoles que, desde distintos lugares de la tierra, acuden a la dormición de María, haciendo a un lado su propia misión.

'También yo había pasado por el territorio de la India y mi prédica cobraba vigor por gracia de Cristo y el hijo de la hermana del rey, llamado Labdanes, estaba a punto de ser sellado[20] por mí en el palacio y de pronto el Espíritu Santo me dijo: —Tú también, Tomás, ve a Belén a saludar a la madre de tu Señor, porque se está yendo al cielo. Y una nube de luz me levantó y me trajo contigo."[21]

Un ángulo todavía más interesante, por evocar el rasgo característico del Tomás que se suele recordar, el del apóstol que descree para luego mostrar arrepentimiento y capitular ante el reproche de Jesús y por amor a Él, lo encontramos en *La asunción; narrada por José de Arimatea*.[22] María, tres años antes de morir, recibe la visita de un mensajero celeste (en una versión es el propio Gabriel) que ha descendido al mundo para avisarle su cercano tránsito. Acompañada por tres piadosas doncellas, Séfora, Abigea y Zael, avisa a José de Arimatea y a los discípulos de su hijo, dispersos por el mundo en su misión de apostolado, lo que ha de ocurrir. Todos acuden (Juan, por ejemplo, teñido ya por el oscuro prestigio de la visión de Patmos, viene precedido de rayos, lluvias y terremotos), excepto Tomás. Los transportan nubes y el pasaje enumera la

---

[20] En este contexto, equivale a bautizado.

[21] Ver texto en James (1953, p. 204).

[22] Texto recogido y editado por el infatigable Tischendorf, aunque James (*ibid.*, 217 y s., de quien lo tomo, en ausencia de originales) lo tilda de exceso de divergencias y fecha demasiado tardía (como veremos más adelante). Si lo incluyo es porque da testimonio, y testimonio bello y significativo, de cómo se fue configurando la estatura de Tomás en la piedad popular.

"escuela de los doce", cuya divergencia respecto de las listas de los evangelios canónicos expresa con mucha elocuencia cómo la religiosidad del pueblo incorpora a su santoral a los seres que considera excepcionales por su virtud y a los que gozan fama de taumaturgos, sin preocuparse de la congruencia con las tradiciones impuestas. Este documento consigna a los siguientes: Juan; Santiago, su hermano; Pedro; Pablo; Andrés; Felipe; Lucas; Bernabé; Bartolomé; Mateo, Matías, aquí llamado el Justo; Simón, el cananeo; Judas y su hermano, Nicodemo y Maximiano. Y, por supuesto, Tomás, que no ha llegado, lo cual lleva a diez y seis el número de discípulos.

El domingo, a la hora tercia, Jesús, rodeado de ángeles, desciende y toma el alma de su madre, dejando a los discípulos envueltos en una luz tan intensa y en una fragancia tan maravillosa que ninguno pudo moverse antes de una hora y media. En Jerusalén, los habitantes ven instantáneamente el acontecimiento celestial. Satán hace su aparición en ese momento extático, pretendiendo quemar el cuerpo virginal y asesinar a los apóstoles, pero falla en su intento, dominado por la mayor potencia de los seguidores de Cristo, a quien sólo puede cegar y confundir.

A pesar de todo, los fieles cristianos emprenden el viaje desde el monte Sión hasta el valle de Josafat (pasaje más escatológico no se podría imaginar) donde han de dar sepultura al cadáver. Rubén, un judío recalcitrante, se lanza entonces contra el ataúd para derribarlo y ocurre el milagro: las manos que quieren profanar a la muerta lanzándola por tierra se aferran al féretro, secas hasta el codo, sin poder despegarse, de modo que, a regañadientes pero paulatinamente convirtiéndose, ha de llegar hasta el sitio del postrer reposo de la madre de

Jesús donde, ya convertido, recibe el bautizo cristiano y se dedica en lo sucesivo a propalar las enseñanzas que había perseguido. Entretanto, los apóstoles habían depositado el cuerpo en la tumba; en ese momento, una luz fulgura desde el cielo y mientras todos se prosternan, María, carne incorruptible, es asumida en el reino de su hijo.

Pero, hasta aquí, nuestro siempre ausente Tomás no ha hecho su aparición. Precisamente entonces, cuando todo lo que he narrado acaba de suceder, entra en escena. Dejaré la palabra al relato que se pone en labios de José de Arimatea:

"Tomás fue súbitamente traído al Monte de los Olivos y vio cómo el sacro cuerpo era izado [al cielo] y gritó, hablando a María: —Alegra con tu gracia a tu sirviente, ya que ahora te diriges al cielo. Y el ceñidor con que los apóstoles habían rodeado el cuerpo cayó sobre él, que lo tomó y se fue al valle de Josafat. Una vez que hubo saludado a los apóstoles, Pedro dijo: —Siempre fuiste incrédulo, por eso, el Señor no ha permitido que asistieras al funeral de su madre. Y él [Tomás], golpeándose el pecho, dijo: —Lo sé y pido perdón a todos vosotros —y todos rogaron por él. Entonces [Tomás] dijo: —¿Dónde habéis puesto el cuerpo? —y le mostraron el sepulcro. Pero él dijo: —El santo cuerpo no está allí. Pedro dijo: —Antes, no pudiste creer en la resurrección del Señor [...] hubiste de tocarlo. ¿Cómo podrías creernos [ahora]? Y Tomás siguió diciendo: —¡No está allí! Y ellos, furiosos, se acercaron y levantaron la piedra y el cuerpo no estaba allí y, derrotados por las palabras de Tomás, no supieron qué decir. Entonces, Tomás les explicó cómo estaba diciendo misa en la India (y, en efecto, portaba todavía los ornamentos sacerdotales) y cómo fue transportado al Monte de los Olivos y había visto la ascensión[23] de María y de qué modo ella le había dado su ceñidor, y lo mostró.[24] Todos se regocijaron y le pidieron perdón y él los bendijo, diciéndoles: —¡Observad cuán bueno y placentero es, hermanos, vivir juntos en unidad."

Pero este Tomás legendario, a quien todas las fuentes, patentes u ocultas, hacen discípulo directo de Jesús y le atribuyen dudas legítimas, disueltas por la palabra del maestro, aparece tempranamente acompañado por una especie de sosias elusivo y fugaz. Se habla en algunos de los textos que más adelante vamos a encontrar de un Tomás, *el filósofo israelita*,[25] o, más extraño aún, *el ismaelita*, que es como decir el árabe. ¿Es el mismo? ¿Se trata de una especie de desdoblamiento de una persona ficticia, brotada exclusivamente de un epígrafe que nadie sabe a quién atribuir? Me inclino a esta suposición, pero no podría darla por concluyente.

*****

Por lo demás, ¿hay documentación y argumentos suficientes para darle una existencia histórica, independiente de los apócrifos y hasta de los propios escritos del Nuevo Testamento? Claro está que no, ya que, por

---

[23] Sic. El hecho de que no diga *asunción*, sino *ascensión*, indica una fecha anterior a los primeros intentos de elevar tal concepción a la categoría de dogma.

[24] Incluyo una nota de James: "El episodio de Tomás y el ceñidor es peculiar de este escrito. El ceñidor es una gran reliquia en Prato y la prominencia que se da a este incidente es una indicación más de que nos encontramos frente a una obra medieval italiana no anterior, supongo, al siglo XIII" (*ibid.*, 218).

[25] Así aluden a él las versiones griegas A y B.

lo que mira al lugar que han llegado a ocupar, estos personajes nacen, se nutren, crecen y ascienden a un sitial celeste gracias a la tradición neotestamentaria, a la que se suma más tarde el magisterio de la Iglesia, que, por su parte, se ha encargado de relegar a un segundo plano aquellos escritos que, a juicio suyo, no colman las normas de autenticidad y, por ende, no es obligatorio para los fieles creer en ellos (los apócrifos y seudepígrafos).

Pero no todo es simple cuestión de fe: pese a las ingentes dificultades a que se enfrenta el investigador no afiliado a ninguna parcialidad religiosa para descubrir la historicidad de muchos individuos que se han acogido bajo el palio del cristianismo, creo que en muchos casos es imposible negar su paso por este mundo, dado el acopio de textos que los mencionan, no siempre de manera favorable, y si tomamos en cuenta la antigüedad y buena fe que parecen tener, unidas al prestigio de que gozaron y gozan aún, incluso en medios laicos, a la familiaridad y respeto con que los citan los escritores inmediatamente siguientes por generación a quienes estuvieron en la vecindad de Jesús, y gracias también a ciertos testimonios externos que, aunque colaterales, asientan hechos que no se pueden poner en duda razonable. Es el caso de la iglesia de Malabar, nominalmente fundada por el apóstol Tomás en su estancia en la India: el testimonio de Cosme Indicopleusta, aunque indirecto, es determinante y lo es precisamente por remoto, por independiente.

Es muy tentador, por otra parte, verlo en el Tomás que, en otro apócrifo más, tiene una vaga vinculación con el enfermo emperador Tiberio, pero concluir de la identidad del nombre que se trata del apóstol que nos interesa desborda las fronteras de lo permisible. Además, la única relación que este Tomás, cuya nacionalidad judía se subraya en el documento que habla de él (la fascinante narración llamada *Cura sanitatis Tiberii* o *La curación de Tiberio*), tiene con Jesús es que dice ante el soberano que había oído hablar de los milagros que hacía el galileo, dentro de los cuales, es de suponerse que figurarían en lugar prominente las curaciones. Pero Tiberio, desesperado de la medicina de los romanos y los griegos, por muy científica que haya sido, no vacila en ordenar a un subalterno, Volusiano, que vaya hasta Jerusalén y no regrese sin traer consigo al taumaturgo. Lo peculiar de este relato es el desfase temporal: cuando Volusiano llega a la ciudad santa, Jesús ya ha sido crucificado y su cuerpo había ascendido a los cielos. Pilato se resiste a creer que su propio césar pretenda que lo sane un judío, pero finalmente se convence de que así es (aunque ya ha sufrido la cárcel por la tibieza de su actuación). Es significativo que este escrito, propagandístico en extremo, proponga que Tiberio logra salvarse gracias a la intervención de la Verónica que, con la efigie que imprimió Jesús en su paño, da lugar a un prodigio más.[26] Parece un intento de reconciliación entre el paganismo agonizante, como su simbólico emperador, y la nueva fe, poderosa y segura de sí misma.

*****

Acudamos ahora, sólo por un momento, a los *ágrapha*,[27] obras piadosas que contienen, paralelamente a los *logia*,

---

[26] Hay un paralelismo muy claro entre esta conseja y la relativa al rey Abgar.

[27] El sentido de la expresión es, precisamente, "*lo no escrito*" y se emplea en el sentido técnico restrictivo que señalamos aquí.

dichos, sentencias, discursos y expresiones de Jesús que no están incluidos en el texto de los cuatro evangelios canónicos ni, en general, en el Nuevo Testamento. No es infrecuente que se los encuentre adosados a éstos, a manera de apéndice o añadido, aunque el valor doctrinal quede en suspenso y no se los acepte como libros inspirados. Tampoco debe sorprender que se hallen originalmente en las obras de los antiguos escritores religiosos.

Un curiosísimo texto apocalíptico, que de manera inexplicable encontró su acceso hasta estos caudales de sabiduría popular, nos presenta a Jesús narrando cómo Juan Bautista vive en el tercer cielo y allí tiene por misión servir de botero de ultratumba a los que, tras haberlo honrado en la tierra, acuden a ese sitio y deben cruzar un río de fuego. Entonces Juan, Caronte cristiano, los hace emprender la travesía y llegar ilesos a la otra orilla. Y Jesús, tras hacer este relato, traslada a los apóstoles al paraíso, pero mientras lo hace, Tomás, el eterno curioso, le pregunta cuántas frutas produce cada árbol, a lo que el maestro responde: "No te ocultaré ninguna de las cosas que has preguntado. Por lo que atañe a la vid, por cuyo fruto preguntaste, tiene en sí diez mil macizos de uvas y cada macizo producirá seis metretas de vino. Y en los árboles de palma del paraíso, cada macizo rendirá diez mil dátiles y cada macizo tiene la misma longitud que estatura un hombre. Lo mismo sucede con la higuera: cada rama produce diez mil higos y si hubiera tres hombres que debieran compartir un higo, los tres quedarían satisfechos. En cada espiga del trigo que se halla en el paraíso hay diez mil granos y cada grano produce seis medidas de harina. Y también los cedros tienen esta capacidad: cada árbol produce diez mil piñas (conos) y tienen una gran altura. Y el manzano y el árbol turíaco (?)[28] tienen la misma altura: en cada racimo hay diez mil manzanas y si tres hombres hubieran de compartir una de ellas, los tres quedarían satisfechos."[29]

Esta primitiva visión de un paraíso más apetitoso que placentero, una especie de Jauja en que los perros están atados con cadenillas de salchichas, no deja de tener un sabor (aquí la expresión se emplea literalmente) ingenuo y arcaico, pues parece que estamos oyendo las exageraciones culinarias de un Pregargantúa.

Pero hay textos de mayor sustancia (espiritual, claro está) y, por supuesto, de otra naturaleza. Durante los primeros siglos de cristianismo eran moneda corriente las obras teológico-apologéticas que tenían por objeto refutar a los herejes y orientar a los fieles ortodoxos. Hipólito, Cirilo, Ireneo, para sólo citar a algunos de los más eminentes, van a contribuir a delimitar, aunque sea *per viam negationis*, la personalidad *extrapolada* de Tomás. Porque, en efecto, veremos que las alusiones que hacen estos padres de la Iglesia están encaminadas, no a realzar la figura de uno de los apóstoles que, dada su actitud, podría encontrarse en riesgo de no gozar de la simpatía del vulgo, sino a refrendar su rechazo a una obrilla, que, traducida, hemos incluido en este lugar, el llamado *Evangelio de Tomás*.

Hipólito se distinguió por sus rudos y atinados ataques contra todos aquellos creyentes que, a su juicio, se habían desviado de la ortodoxia. En su tratado *Contra las herejías* habla de la secta de los naasenos,[30] que

---

[28] ¿Podría ser una alusión al incienso y a la planta que lo produce?

[29] James, *ibid.*, 87.

[30] Cuya importancia para comprender el evangelio ha de quedar en claro muchas veces gracias al propio texto del mismo.

profesan una sugerente tesis. Dice así: "Los naasenos hablan de una naturaleza humana que al mismo tiempo está oculta y se manifiesta y dicen que se encuentra dentro del hombre y que es el reino de los cielos que se busca. Y explican todo esto de una manera pormenorizada en el evangelio que lleva el nombre de Tomás, con estas palabras: 'Aquel que me busque, me encontrará en los niños desde los siete años de edad y más, porque allí me manifiesto yo, que estoy escondido en la edad (eón) decimocuarta".[31]

Cirilo de Jerusalén, por su parte, habla en su *Catequesis*[32] de los hábitos de los maniqueos y de sus rituales. Y dice: "Y del Nuevo Testamento sólo leen los cuatro evangelios. Los demás [creen] son apócrifos [seudepígrafos] y dañinos. Los maniqueos también escribieron un evangelio según Tomás, que, aunque teñido con la fragancia del nombre de evangelio, corrompe el alma de los hombres sencillos." Y su inquina contra estos peligrosos individuos no se detiene allí; poco más adelante dice:[33] "Que nadie lea el evangelio según Tomás porque no [fue escrito] por uno de los doce apóstoles, sino por uno de los tres perversos discípulos de Manes".

*****

Nuestro evangelio, el copto, ha sido incluido, desde el momento de su aventuresca aparición,[34] entre los textos

---

[31] v, 7.

[32] IV, 36.

[33] VI, 31.

[34] El *Evangelio de Tomás* ocupa los folios 32-51 del códice II de la llamada "Biblioteca gnóstica de Nag Hamadí", que se descubrió en

de índole gnóstica, afiliándolo de esta manera a un inmenso *corpus* de escritos en que se alternan las especulaciones filosóficas del más variado eclecticismo con las obras mistéricas e iniciáticas de las sectas a que dio origen el neoplatonismo, entre otras doctrinas que se prolongaron más allá de la época clásica de Grecia.

Sin embargo, no todos los estudiosos que se han inclinado a revisar este antiguo texto han estado de acuerdo en el carácter gnóstico de su contenido. Un número demasiado elevado de enunciados es a tal grado críptico que impide emitir un dictamen inequívoco acerca de su intención y su urdimbre de carácter filosófico. A lo largo del texto hay enunciados estrictamente paralelos a los que encontramos en los evangelios sinópticos, al lado de otros, oscuros por lo general, que podrían tener una explicación gnóstica. Es más, los hallazgos de textos griegos que ahora se sabe que pertenecen al evangelio que comentamos aclaran un

---

Egipto en 1945, debido a un azar. Quien se interese por conocer los pormenores del hallazgo puede consultar con fruto la obra compilada por J. M. Robinson, *The Nag Hammadí Library*, reseñada en la bibliografía. Este papiro y los demás datan de hacia el siglo IV de nuestra era. Para los estudios del cristianismo propiamente dicho tienen sumo interés este documento y el *Evangelio de Felipe*, escrito paralelo al presente. No debe confundirse, por supuesto, con el *Evangelio del Pseudotomás*, del que nos ocupamos en esta obra. Éste es exclusivamente una colección de logia (λόγια) o enunciados de Jesús, es decir, solamente contiene expresiones y opiniones suyas, por lo cual se lo ha emparentado con el documento *Q*, de tan larga historia en la crítica neotestamentaria. Baste añadir que, aparte las fuentes griegas descubiertas en Oxirrinco y de las que me ocupo en el cuerpo de esta obra, se ha especulado acerca de la lengua original de este documento, llegando a alegarse que ha de ser semítico y, con mayor precisión, siriaco.

poco el problema, pero no lo resuelven de manera definitiva.[35] Bentley Layton, el editor de los principales documentos gnósticos que forman lo que llamó "las escrituras gnósticas clásicas", no incluyó el evangelio tomasino, pero sí lo consideró en una adenda, como "escritos emparentados", tras llegar a la conclusión de que sólo puede comprenderlo a fondo quien haya podido penetrar en el sentido de otros escritos de lo que designa como "escuela de Santo Tomás", como el hermoso *Himno de la perla*.

No se puede descartar tampoco la tesis que afirma que los evangelios canónicos y el de Tomás provienen de diferentes tradiciones textuales que, aunque concuerdan eventualmente en algún punto esencial y hasta en la manera de enunciarlo, las más de las veces se apartan aquéllos de éste. De Santos ha señalado, por otra parte, la convergencia del texto tomasino con ciertos evangelios específicos, no canónicos, como el de los hebreos y el de los egipcios, ampliamente conocidos y comentados desde hace mucho. Y el erudito español apoya su tesis en ciertos rasgos comunes a los tres escritos, como cierto sesgo encratita de algunos pasajes. Precisamente al tomar en cuenta esta característica, el estudioso se siente inclinado a postular la posibilidad de que el documento de Tomás se

---

[35] Los llamados "papiros de Oxirrinco", que más adelante traducimos, se descubrieron a lo largo de los últimos años del siglo pasado y la primera mitad del presente. Se han identificado ahora en el texto copto, aunque no siempre haya una concordancia completa. De cualquier modo, el hecho mismo de que subsistan con ligeras divergencias indica que el texto circulaba en los primeros siglos de la era cristiana en diferentes formas y recensiones. Es decir, que era popular.

haya generado en una comunidad judeo-cristiana establecida en Siria a mediados del siglo II.

Parece haber concordia entre los entendidos respecto a un aspecto importante: se ha llegado, por lo general, a una sola conclusión (con divergencias menores) acerca de la fecha: el siglo IV. Por ende, malamente se podría pensar en un influjo del texto tomasino en los sinópticos, pero sí se puede, y es lícito, seguir la huella de éstos en el documento encontrado en Nag Hamadí.

¿En qué se podría decir que consiste el carácter gnóstico de nuestro evangelio? En que contiene y expone, defensivamente, algunas tesis fundamentales de ese movimiento espiritual. En el *Evangelio de Tomás* encontramos, por ejemplo, la afirmación de que a través de él (es decir, por gracia de las palabras o enunciados atribuidos a Jesús y que cuentan, pues, con su gigantesco respaldo moral y taumatúrgico) se trasmite un conocimiento[36] de índole especial, superior a los conocimientos comunes, ya que se refiere a la salvación y a la victoria sobre las limitaciones humanas (incluida la propia muerte), que se adquiere por medio de una revelación o iluminación y, en el caso concreto de nuestro documento, gracias a la condescendencia de Jesús, el Maestro o mistagogo, que viene a ser el iniciador en los misterios y que nos informa cuáles son algunos de los procedimientos necesarios para alcanzar esa meta. Es necesario aclarar, sin embargo, que a menudo las expresiones

---

[36] Bien se sabe que gnosis, (γνῶσις) el concepto clave de este grupo, significa conocimiento, aunque también sabiduría e incluso iluminación, en el sentido de datos o experiencias trasmitidos por medio de una revelación o una manifestación mística o iniciática.

y parábolas de que se sirve el documento distan mucho de ser comprensibles y es de suponerse que se requiere una iniciación especial, concomitante con la lectura y estudio del texto mismo. Precisamente el empleo de este lenguaje críptico, tan similar al de los evangelios canónicos en muchas partes (las parábolas en primerísimo lugar) plantea la pregunta lícita: ¿hasta qué punto todos estos documentos pueden y deben atribuirse a una escuela determinada de pensamiento, la gnóstica, por ejemplo?

El *Evangelio de Tomás* contiene, pues, los elementos de una doctrina secreta, inaccesible para los no iniciados, respecto al más allá, la segunda muerte (la definitiva, la eterna), los cielos y el orden y disposición del universo. Y, por supuesto, a esta doctrina van unidos los medios prácticos (toda ética es una puesta en acción) de lograr estos objetivos, los más importantes que el hombre puede fijarse. Es más, al principio del texto se proclama a los lectores que lo que van a leer son las palabras o enseñanzas secretas de Jesús el Viviente.[37] No es difícil inferir de este exordio que sólo podrán comprenderlas quienes conozcan la clave del misterio, es decir, los adeptos, los iniciados, los que están en contacto con la doctrina secreta.

---

[37] "El viviente" es un epíteto clave, una señal de reconocimiento para los iniciados. Sólo se alude con este adjetivo al Jesús que difunde la doctrina secreta, el Jesús que está informado de todos los pormenores de la enseñanza oculta y que promete, en un lenguaje frecuentemente impenetrable, o muy confuso cuando menos, un acceso al mundo superior, el reino de los cielos o el reino del padre. La razón del epíteto, creo, es que sólo quienes han vencido y traspuesto las tentaciones y limitaciones de esta vida y la han dejado emocional, intelectual, iniciáticamente atrás, merecen el nombre de vivientes.

Tampoco está fuera de razón llegar a la conclusión de que Jesús "el Viviente" es una alusión cifrada al maestro que sabe comunicar a los iniciados el sentido de los enunciados y la manera de proceder para alcanzar el premio prometido. Se trata, pues, de una especie de manual o enquiridión iniciático, aunque algunos de sus ingredientes pueden ser comprendidos por todos los cristianos, ya que se encuentran a la vista de quienquiera, en los escritos de otros miembros de esta confesión.

Y si seguimos adelante, nos daremos cuenta de que también tienen una filiación gnóstica los espíritus que originalmente habitaban en el reino de la luz (que es el reino del Padre), primer principio de todo, estando íntimamente unidos con lo divino. Por un desastre cuya naturaleza nos es desconocida, tales entes cayeron en el mundo de la materia, el mundo en que nosotros nos movemos, y se vieron recubiertos con los torpes ropajes corporales. De esta caída se deriva una especie de letargo espiritual que ha provocado en ellos un olvido de su origen divino. Tarea *del viviente Jesús* es, al parecer, despertar de nuevo a estos espíritus a su verdadera condición original y hacerles conscientes de que este universo degradado no les corresponde. Tienen otra misión, puesto que tienen otro origen. La enseñanza secreta no es, a fin de cuentas, sino volver a cantarles al oído las viejas melodías que escuchaban en el reino de los cielos, dominio del Padre eterno. Estas consideraciones y otras similares llevaron a Meier a declarar que el planteamiento del *Evangelio de Tomás* es el de una "escatología realizada".[38]

---

[38] Meier, 1991, 125 y ss.

El gnosticismo, como todos los movimientos sincréticos, plantea siempre muchos problemas de identificación de fuentes, ya que no es raro que se dé en el seno de estas doctrinas una confusión, derivada de la falta de interés en lo que podríamos llamar la genealogía espiritual de las ideas que se profesan. A pesar de ello, no es difícil percibir un dualismo de base, aunque finamente matizado y disimulado por la oscuridad deliberada del lenguaje. Se habla de arriba y abajo, de unidad y dualidad, de izquierda y derecha y de otros conceptos igualmente complementarios y antagónicos. Es más, en algunas derivaciones hermenéuticas de esta secta se llegó a afirmar, por ejemplo, que el hecho de que algunos apóstoles, como Pedro, hubieran sido crucificados con la cabeza hacia el suelo significaba la tergiversación de los valores, en la cual va implícito el reordenamiento y el acceso a una unidad superior, una unidad que es reconciliación, conciliación de opuestos. No perdamos de vista, para comprender mejor estos casos, que los gnósticos y otros espiritualistas de los primeros siglos del cristianismo solían ver en las personas físicas encarnaciones de ideas: la amante y compañera de Simón Mago, Helena, fue bautizada "iniciáticamente" como Sofía, pues deponiendo su papel de mujer bella entre las bellas (no en balde su nombre era el de la conflictiva dama de Troya), optó por mostrarse en su verdadera faceta de sabiduría divina, sobrenatural. No sólo esto, la antigua prostituta que acompañaba al farsante Simón era la encarnación de esa especial Sofía divina por la cual el mundo fue creado, para decaer más tarde.

En el documento que estudiamos se observa continuamente una distancia entre dos mundos: uno, al que sólo tienen acceso los elegidos, que son los iniciados;

otro, deteriorado, inferior, en el que todo el género humano está condenado a vivir. El primero es el divino. En el segundo, obra del demiurgo, dios menor y torpe, aunque tal vez bienintencionado, nos toca estar, aunque por fortuna se nos informa de la existencia de una realidad superior, a la que, por naturaleza, tenderemos.

El "ciclo" tomasino

Tomás, el apóstol que pasa por incrédulo, emprendió desde sus remotos días un periplo espiritual y legendario que probablemente no tenga paralelo entre sus cofrades. No sólo lo encontramos enarbolando la duda ante el resurrecto, actitud que le ha merecido la admiración de los naturalmente descreídos y ha dado pábulo a la emulación, sino que, en un pasaje menos recordado de las Escrituras, lo contemplamos dispuesto a dar la vida por Jesús, su hermano y señor. Dos posturas tan distantes, hasta antagónicas, al menos en apariencia, difícilmente nos permiten entenderlo y, como consecuencia natural, han impedido a muchos cristianos mostrar por este discípulo tal vez disidente una simpatía que nace de una textura psicológica menos pronta al análisis y, por otra parte, más renuente a aceptar la resurrección, el milagro supremo.

Los evangelios no nos retratan a apóstoles parlanchines sino, más bien, pasmados y dispuestos a aceptar una realidad que gradualmente se va haciendo irreal ante sus ojos. Pedro, por ejemplo, quizás el menos reflexivo de los apóstoles importantes (tal vez por ello el que acepta con mayor facilidad un hecho anómalo, que sólo sería un indicio de lo mucho que ignora y que admite con mansedumbre) acepta con naturalidad el hecho inexplicable de la transfiguración y espontáneamente propone a su maestro levantar tiendas para que se alojen con comodidad Jesús y sus visitantes de origen desconocido, pero sobrenatural. No pone en entredicho el prodigio, no intenta dar con la huella que condujo a esos seres arcaicos y legendarios hasta su propio paisaje cotidiano. Es hombre de fe, es decir hombre de aceptaciones. Y, sin embargo, la capacidad de creer que le ha sido entregada de modo gratuito por el maestro no ha alcanzado una firmeza tan grande que le permita caminar sobre las aguas sin hundirse y sentir el terror de morir ahogado. El evangelio llama *oligópistoi*, hombres de poca fe, a quienes la tienen pasiva porque no se han atrevido a convertir esa temible fuerza en el vigor necesario para mover montañas con sólo desearlo.

Tomás da una voz claramente audible a sus vacilaciones: le es imposible admitir que alguien, ni siquiera Jesús, tan dotado, tan hábil para las operaciones taumatúrgicas y las prédicas convincentes, tenga el poder de vencer a la muerte. Y cuando le informan que ha regresado Jesús, su hermano, del más allá, duda, desconfía y, todavía en ausencia del taumaturgo, piensa en un desafío, desafío cuya finalidad es tener certidumbre, poder confiar. Porque Jesús, en ausencia de Tomás, había comparecido ante los apóstoles, les había hablado y los había convencido de que se había albergado tres días en las moradas de las que nadie regresa y había vuelto a la vida. Tomás se rebela porque la razón se rehúsa a admitir hecho tan mayúsculo y, con el amor celoso de no haber sido él quien recibió la buena nueva, exige pruebas. Más tarde, es tan genuino el cariño que le inspira Jesús, que se deja convencer por su simple apariencia, por el sonido de su voz y por la sombra, inexistente en el suelo.

La intensidad de la vida de Tomás se inicia una vez que Jesús se ha ido, cuando ha dejado en sus apóstoles la llama de su doctrina, la blandura de su ejemplo, hasta la acidez de sus apóstrofes. Y poco a poco, a partir de ese momento, Tomás cobra unas dimensiones antes impensables. Su paso, tan leve en el Nuevo Testamento, suena con fuerza en los apócrifos, que le reservan un sector privilegiado para que se alojen los muchos escritos que sus hechos suscitan. Se acogen a su nombre varios evangelios, una narración de sus andanzas en tierras muy distantes de la natal Judea, varios papiros hallados en Egipto conservan trazas de su fama: hay un Tomás contendiente, hay un apocalipsis tomasino... toda una literatura se remueve en torno suyo, imaginativa y fascinante.

Considerar este hecho me inclinó a establecer una comparación con las letras medievales, no muy distantes de las tomasinas por lo que hace a variedad y pujanza. Es más, ni siquiera la lejanía temporal es insalvable, pues las consejas, el nombre del incrédulo amoroso, las imágenes e iconos se suceden continuamente en el universo religioso que va creando el cristianismo en las iglesias y los monasterios, pero también en ese otro universo privado que es la plegaria, la devoción y los milagros que se reclaman como favores personales que hace el santo patrón...

Y me di cuenta de que es factible, no sólo eso, sino útil como plan de trabajo, idear un ciclo tomasino que, a la manera de otros igualmente famosos o incluso más, como el del rey Arturo, reuniese los hechos, la leyenda, los relatos de santidad y las anécdotas. Jean Bodel, el poeta, declaraba enfáticamente que existían tres "materias" o mundos fabulables: "*celles de France, de Bretagne et de Rome la grande*". Y así podemos dividir las gestas de Tomás en las de su nativa Israel, las que suscitó su supuesta predicación y catequización de Edesa y las tierras circunvecinas y, finalmente, la expedición a la India, emprendida por imposición de la voluntad de Jesús. Son tres mundos, tres esferas de influencia y tres ciclos narrativos de un peso específico similar.

El evangelio de Tomás

Narraciones acerca de la
infancia del Señor
[escritas] por Tomás,
el filósofo israelita

I

Yo, Tomás el israelita,[1] consideré necesario dar a conocer a todos los hermanos procedentes de los pueblos paganos los hechos de la infancia y las grandezas de Nuestro Señor Jesucristo: lo que hizo tras haber nacido en nuestro país. Cuyo principio es así:[2]

---

[1] En el título, como puede verse, se califica al autor de filósofo, lo cual no debe entenderse en el sentido actual del término, sino simplemente como el conocedor, el iniciado o, mejor aún, el discípulo o el apóstol.

[2] Añado el exordio de la versión latina, tal como lo da De Santos: "Tomás, el ismaelita, apóstol del Señor, [considera] glorioso narrar lo que hizo Jesús después de que, salido de Egipto, fue a Nazaret. Enteraos todos vosotros, hermanos carísimos, de lo que hizo el Señor Jesús cuando estuvo en la ciudad de Nazaret". James (1933, 14) cree descubrir en el gentilicio "ismaelita" un indicio que permite vincular este evangelio con la hipótesis que supone una influencia hindú en este escrito (suposición que ha corrido con bastante buen éxito y que cuenta, hasta la fecha, con numerosos adeptos), ya que, afirma, la designación "Tomás, el israelita", que es absurda ("pointless") si se trata de un discípulo de Jesús, indicaría, al transformarse en ismaelita y combinarse con la calificación de filósofo que nos da el texto, a un sabio oriental. Encuentro una enorme debilidad en esta postura y sólo la cito por provenir de uno de los más importantes especialistas

II

1. [En una ocasión], cuando tenía cinco años de edad, este niño Jesús estaba jugando después de la lluvia a la orilla de un arroyo y reunió las aguas corrientes [y las convirtió][3] en [sendos] arroyuelos y

---

en los apócrifos neotestamentarios. Se apoya, entre otras cosas, en la conseja, supuestamente avalada por los *Hechos* (apócrifos) *de Tomás*, que afirma que el apóstol fue a la India para cristianizarla. Por lo demás, la pretendida influencia hindú no deja de recordar el caso similar de la historia de Barlaam y Josafat, atribuida a San Juan Damasceno, donde sí es perceptible un influjo de las *jatakas* (vidas del Buda) o, en general, de las historias hagiográficas de la India (de Krishna o de Rama, por ejemplo).

[3] Tomo el texto griego original de la edición (trilingüe, pues contiene los textos griego y latino, según el caso, amén de la traducción al español) *Los Evangelios apócrifos*, preparada por Aurelio de Santos Otero, Madrid, BAC, MCMXCVI, que reproduce la llamada versión A, la más extensa, siguiendo el texto que fijó Tischendorf mediante la colación de los manuscritos de Bolonia (*Bo*, siglo XV) y Dresde (*Dr, A187*, siglo XVI). En su preparación, De Santos tomó en cuenta las variantes de la versión B, también griega, que se encuentra en el manuscrito sinaítico (*Sin*, siglo XVI o XV). Por mi parte, añado en las notas, eventualmente, la versión de las adiciones importantes (las que agregan algún concepto o modifican el sentido) contenidas en otros documentos, como el Parisino (*Pa*, que data del siglo XV), Viena (*Vi*, sólo un fragmento latino, en palimpsesto, que data del siglo IV o V, según De Santos) y otra latina, contenida en el manuscrito Vaticano (*Va*), así como de la versión siriaca (*Sir*, British Museum, siglo V), tal como la da, traducida, De Santos, pues no he podido tener a la vista el texto sirio original. Este evangelio, el griego A, suele recibir el nombre de *Evangelio del seudo Tomás. Sir* dice como sigue: "Y se formó un chusbasco (*pluvia magna*) sobre la tierra y el niño Jesús se paseaba en medio de ella. Y la lluvia era [tan ?] terrible, que se juntó en la piscina (?)". Los corchetes [ ] servirán para indicar las palabras añadidas para dar redondez al sentido, pero que no se encuentran en el original griego. Los paréntesis ( ) tienen el empleo característico.

de inmediato las purificó y las dominaba sólo con la palabra.[4]

2. Y tras hacer una masa de barro, formó de ella doce pajarillos, siendo sábado cuando lo hizo. Había otros muchos niños, que estaban jugando con él.[5]

3. Al ver cierto judío[6] lo que Jesús, jugando, hacía el sábado, se fue de allí inmediatamente y lo contó a José, el padre [de Jesús, diciendo]: —Mira, tu hijo está en el arroyo y ha tomado una masa de barro [de la que] hizo doce pajarillos y profanó el sábado.

4. Y José fue a aquel lugar y cuando lo vio, gritó, diciéndole: —¿Por qué haces en sábado lo que no está permitido hacer? Y Jesús, aplaudiendo con las manos, gritó a los pajarillos, diciéndoles: —¡Idos! Y los pajarillos emprendieron el vuelo y se fueron, gorjeando.[7]

5. Al ver [esto] los judíos se conturbaron y se fueron y contaron a los [individuos] más importantes [entre los judíos] lo que habían visto que hacía Jesús.

---

[4] *Vi* dice: "dándoles la orden sólo de palabra, no de obra".

[5] Parece que la intención de este párrafo es doble en su enfrentamiento con la ley judía, pues Jesús no sólo trabaja en sábado, sino que lo hace frente a otros niños, a los que puede escandalizar con su mal ejemplo.

[6] *Sin* agrega: "y echándose a correr un niño, lo comunicó a José".

[7] El *Va* añade: "y se retiraron los hijos de los judíos".

III

1. Y estaba allí presente, de pie al lado de Jesús, el hijo de Anás, el escriba, quien tomó una rama de mimbre y [logró] derramar las aguas que Jesús había reunido.[8]

2. Y Jesús, al ver lo sucedido, se indignó y le dijo: —¡Injusto, irreverente y tonto! ¿En qué te molestaban los arroyuelos y el agua? Mira, ahora también tú te has de secar y no darás hojas, ni raíz, ni fruto.

3. Y de inmediato aquel muchacho se quedó enteramente seco. Entonces Jesús se retiró y se fue a la casa de José.[9] Los progenitores del que se había quedado seco se lo llevaron consigo, lamentando su juventud y lo condujeron a [la presencia de] José e increparon [a éste, diciéndole]: —¡Qué hijo tienes, que hace cosas como ésta![10]

---

[8] Aurelio de Santos, al comentar este pasaje, ve en él un reflejo gnóstico: la aversión que siente el hombre ante la obra divina se manifiesta en destruirla. Por mi parte, encuentro una especie de reacción especular a la labor del dios creador del Génesis, entre cuyas obras figura de manera prominente el reunir en un solo lugar las aguas de arriba y las de abajo (*Gén.*, 1, 9). En el pasaje que comento, el enemigo de Jesús vuelve las aguas a su dispersión original. No vacilo en ver en esta interpretación otra postura gnóstica.

[9] El *Sin* añade: "y los niños que jugaban con él, al ver [lo sucedido], se asombraron y fueron a anunciarlo al padre del muerto. Y [éste] corrió y encontró a su hijo muerto y fue a increpar a José.

[10] El códice parisino, sólo en apariencia más humano, añade esta especie de oxímoron de la caridad: "En seguida, Jesús, a quien todos [se lo] habían rogado, lo sanó, aunque le dejó un miembro algo torpe, para advertencia".

IV

1. En otra ocasión, cuando andaba caminando por la aldea, un muchacho que corría le lastimó el hombro.[11] Y Jesús, disgustado, le dijo: —No [podrás] seguir tu camino. Y en ese mismo momento [el muchacho] cayó y falleció.[12] Y algunos, que vieron lo sucedido, dijeron: —¿De dónde viene éste, que todas sus palabras se convierten en obras?

2. Y los progenitores del muerto fueron [a ver] a José y lo reprendieron, diciendo: —¡Tú, que tienes tal hijo, no puedes vivir junto con nosotros en la aldea[13] o

---

[11] El *Sin* dice: "... un muchacho lanzó una piedra contra él y le lastimó el hombro".

[12] De Santos hace una observación interesante para explicar, al menos en parte, la mala contextura moral y la irascibilidad que caracterizan a Jesús en este documento. Dice (MCMXCVI, 282, n. 14): "La verdadera explicación de los defectos reales que aparecen en la persona de Jesús radica en los resabios gnósticos latentes en el apócrifo. Había entre los *gnósticos* quienes consideraban a Jesús dotado de un cuerpo *psíquico* (el que fue sacrificado en la cruz) sometido al influjo de las pasiones. *Otros* le consideraban revestido de un manto de *semillas penumáticas*, como primicias de aquellos que iban a ser salvos por Él. *Otros*, finalmente, creían que el verdadero Salvador (Σωτηρ) no descendió sobre Jesús hasta el momento del bautismo y se separó de Él en el momento de la pasión". Ya se ha visto en otra parte cuál era la concepción de los docetistas.

[13] *Va*: "Pero ellos, al ver [tales] prodigios clamaron, diciendo: —¿De dónde viene este muchacho? Y dijeron a José: —No conviene que viva con nosotros un muchacho así. Y él se fue y se lo llevó [consigo]. Y le dijeron: —Retírate de este lugar. Y si te conviene estar con nosotros, ¡enséñale!"

enséñale a bendecir y no a maldecir! Porque mata a nuestros hijos.[14]

V

1. Y José llamó a su hijo aparte y le hizo reproches, diciéndole: —¿Por qué haces todas esas cosas [que provocan] que ellos padezcan y nos odien y nos persigan? Y Jesús le contestó: —Sé que éstas no son tus palabras [auténticas] y por eso, me callaré por consideración a ti. [Pero] aquellos pagarán su castigo. Y de inmediato quienes lo habían denunciado quedaron ciegos.

2. Y los [que tales cosas] veían tuvieron mucho miedo y dudaban [qué hacer] y decían que cualquier palabra que dijera, buena o mala, era un hecho[15] y se convertía en prodigio. Y José, al ver que Jesús hacía tales cosas, se levantó, lo pescó de la oreja y lo reprendió severamente.[16]

3. Y el niño se irritó y le dijo: —Que te baste con buscar sin encontrar, sobre todo porque obraste sin prudencia alguna ¿no sabes que soy tuyo? ¡No me atribules![17]

---

[14] *Va* dice: "Porque nuestros hijos son insensatos".

[15] Es decir, se convertía en acto. Dios, afirmarán posteriormente los teólogos, es el único ser en quien la potencia no se distingue del acto, ya que es "acto puro".

[16] *Sin*: "Y José estaba sentado en su trono [sitial] y el niño se puso enfrente de él; y lo tomó de la oreja y lo lastimó mucho".

[17] *Va* dice: "Que te baste con verme y no tocarme. Porque no sabes quién soy: pues si lo supieres, no me perturbarías. Y aunque estoy contigo, fui hecho antes que tú".

VI

1. Un preceptor de nombre Zaqueo, que estaba en algún lugar, oyó a Jesús decir estas cosas a su padre y se asombró enormemente de que, siendo [todavía] niño, las dijera.

2. Pocos días más tarde, se acercó a José y le dijo: —Tienes un hijo inteligente, lleno de talento. ¡Entrégamelo para que le enseñe las letras y, después de que las haya aprendido, le enseñaré todas las ciencias y cómo tratar a los mayores y honrarlos como tales, como [si fueran sus] padres y a que los ame.

3. Y le [dijo] enseñó todas las letras, desde la A hasta la Z,[18] haciéndolo con gran diligencia, empeñosamente. Y [Jesús] viendo a [su] maestro Zaqueo, le dijo: —¡Tú no conoces la naturaleza de la A![19] ¿cómo, entonces, enseñas la B a los demás? ¡Hipócrita! Primero, si puedes, enseña la A, y después te creerán si [les] enseñas la B. Y comenzó a preguntar con insistencia al maestro acerca de la primera letra y [éste] no pudo darle respuesta alguna.

4. Y [mientras que] muchos estaban oyendo, dijo a Zaqueo: —¡Oye, maestro, cuál es la constitución de la primera letra y date cuenta ahora de que tiene [sus

---

[18] El texto griego dice, obviamente, "desde la alfa hasta la omega".

[19] Es decir, tú no entiendes el sentido de las cosas más elementales, ni su constitución ¿cómo, entonces, te atreves a explicar otras, más complejas?

propias] reglas [y] una proporción que la divide por la mitad, formando dos [porciones],[20] que ves fluir juntas, unidas, levantadas, entrelazadas,[21]... (?):[22] la A tiene normas de tres medidas [métricas],[23] o bien es de tiempo igual, [de una sola regla] homogénea.

VII

1. Cuando el maestro Zaqueo hubo oído tales y tan variadas alegorías [acerca] de la primera letra, que el niño le explicaba, dudó de tales exposiciones y del don docente de él [del niño] y dijo a los que allí estaban: —¡Ay de mí! ¡Muchas dudas tengo, desgraciado de mí, este niño que he traído [a mis clases] me ha provocado tal vergüenza![24]

---

[20] Tal vez éste sea el sentido del tecnicismo, no asentado en los diccionarios, *mesajaraktera*. Todo este pasaje es confuso e incomprensible porque el texto está sumamente corrompido. Procedemos, pues, por aproximaciones y conjeturas.

[21] Propongo esta versión para *joreúontas*, término empleado en el vocabulario teatral y dancístico para indicar acciones del coro. Una de ellas es formar grupos que danzan unidos y de consuno.

[22] Es imposible atinar con el sentido de la palabra *balefegioúntas*, indudable corruptela de otra, que no me atrevo a proponer, por la vaguedad de los datos fonéticos y la imprecisión semántica que presenta el pasaje, evidentemente corrompido.

[23] El tecnicismo empleado *(trisemous)* es métrico y alude a los pies de tres sílabas breves o una breve y una larga o una larga y una breve.

[24] El pasaje entero, confuso y quizás corrompido, ha hecho que se derrame mucha tinta.

2. ¡Llévatelo, pues, te lo ruego, hermano José, que no soporto el peso de su mirada! ¡Ni siquiera una vez puedo captar lo que dice! Este niño no ha brotado de la tierra [pues] ¡hasta puede dominar al fuego! Tal vez haya sido concebido desde antes de la creación del cosmos.[25] ¿Qué vientre lo llevó? ¿Qué matriz lo nutrió? Lo ignoro. ¡Ay de mí, amigo mío! Me agota, no puedo ir siguiendo su razonamiento. Me ha engañado ¡tres veces pobre de mí! ¡Deseaba fervientemente tener un discípulo... y di con un maestro![26]

3. ¡Amigos! Asimilo mi vergüenza de que, siendo ya viejo, fui vencido por un niño. Y he de quedar vejado y [hasta] morir a causa de este muchacho, pues, a estas alturas,[27] no puedo mirarle a los ojos. Y cuando todos digan que he sido derrotado por un niño pequeño, ¿qué podré decir? ¿Y qué explicaré de lo que me dijo acerca de la primera letra y sus rasgos? Lo ignoro, amigos, pues nada sé de su principio y su final.

4. Por eso te ruego, hermano José, que te lo lleves a casa. Este es algo grande: dios, o ángel o ¿qué digo? ¡No lo sé!

---

[25] El texto dice, literalmente, *kosmopoiías*, que De Santos ha preferido verter como "creación del mundo". Propongo mi versión, porque creo descubrir en las palabras de Zaqueo una clara alusión al universo, no sólo a la tierra o, en todo caso, a ésta, pero como sinécdoque de la totalidad de la creación. Traduzco la adición que da el texto latino (*Va*): "Este no debe estar sobre la tierra. Es, en verdad, digno de la gran cruz; éste puede extinguir el fuego".

[26] "Y he descubierto que tengo un maestro" es la versión literal.

[27] Creo que esta es la traducción que reproduce mejor el matiz del original que, literalmente, dice "a esta hora".

VIII

1. Cuando los judíos estaban haciendo advertencias a Zaqueo, el niño se echó a reír con vigor y dijo: —¡Ahora sí que va a dar fruto lo tuyo y que los ciegos de corazón van a ver! Estoy aquí, venido de lo alto, para maldecirlos y convocarlos a lo alto, tal como lo ordenó quien me envió entre vosotros.[28]

2. Y así que el niño terminó de hablar, todos aquellos que habían caído bajo su maldición quedaron salvados. Y a partir de aquel momento nadie se atrevió a irritarlo, no fuera que [él] lo maldijera y quedara incapacitado.[29]

IX

1. Y después de algunos días, Jesús estaba jugando en la azotea de la casa de alguien y uno de los niños que con él jugaba cayó desde allí hacia abajo y murió.[30] Y al ver

---

[28] *Va* dice: "Y Jesús se volvió a los judíos que estaban con Zaqueo diciéndoles: —Ahora, todos los que no ven, verán, y los que no entienden, entenderán y los sordos oirán y resucitarán los que por mí murieron y a aquellos que son superiores los llamaré a fines más altos, tal como dispuso quien me envió entre vosotros".

[29] El término griego empleado es *anáperos*, que significa literalmente mutilado. De Santos lo tradujo como ciego.

[30] Tanto en el *Sin* como en el *Evangelio árabe de la infancia*, lo mismo que en el de Seudomateo, el verbo empleado da la impresión de que otro niño empujó a éste, que cayó. El *Sinaítico* emplea el verbo *kathothothén*, (y el niño "habiendo sido empujado por otro"...).

esto, todos los demás niños escaparon; sólo Jesús se quedó [allí].

2. Y cuando llegaron los padres del muerto lo acusaban. Y Jesús dijo: —Yo no lo eché abajo en ningún momento. Pero ellos lo maltrataban.

3. Jesús dio un salto desde el techo y se detuvo junto a la boca[31] del niño y gritó con voz grande, diciendo: —¡Zenón! —era el nombre [del muerto]— levántate y dime ¿te arrojé yo? Y él, levantándose de inmediato, dijo: —¡No, señor, no me arrojaste, sino que me elevaste![32] Y al verlo [todos] quedaron perplejos. Y los padres del niño alabaron a dios por el milagro que había ocurrido y adoraron a Jesús.

X

1. Después de unos cuantos días, un joven estaba cortando leña en la vecindad cuando el hacha se le cayó [de las manos] y le rebanó la base del pie y murió porque se desangró.

2. Hubo entonces conmoción y [la gente] corrió [hacia ese sitio] y el niño Jesús también corrió hacia

---

[31] De Santos traduce este pasaje diciendo "al cadáver", ignoro si por haber leído *soma* en lugar de *stoma*. Su versión es, aunque menos literal, más sensata.

[32] Obviamente, en todo el párrafo hay un juego de palabras entre dos sentidos del mismo verbo *anístemi*: "elevar" y "resucitar".

allí. Y atravesó la muchedumbre abriéndose paso y se apoderó del pie herido del muchacho y [éste] quedó inmediatamente curado. Y dijo al muchacho: —¡Levántate ahora, [sigue] corta[ndo] la leña y acuérdate de mí.[33] Y la gente, al ver lo que había sucedido, adoraba al niño diciendo: —¡Verdaderamente el espíritu de dios habita en este niño!

XI

1. Cuando [Jesús] tenía seis años, su madre lo envió a sacar agua y llevarla a la casa, y le dio un cántaro. Cuando cruzaba en medio de la gente, el cántaro se rompió.

2. Y Jesús entonces extendió el palio[34] con que iba vestido, lo llenó de agua y lo llevó a su madre. Y la madre, al ver la señal,[35] lo besó y guardó en sí misma los misterios que vio que realizaba.[36]

XII

1. Y en otra ocasión, en la estación de la siembra, el niño salió con su padre para sembrar trigo en su campo. Y cuando su padre estaba sembrando, el niño Jesús sem-

---

[33] El *Sin* añade: "y, levantándose, lo adoró". El juego entre las dos acepciones del verbo continúa.

[34] El palio era un indumento similar a la túnica.

[35] El término *semeíon* significa primeramente señal, signo, pero, en sentido figurado, equivale a milagro, hecho portentoso.

[36] *Va* dice: "Y la madre, al ver el milagro que había hecho Jesús, lo besó y dijo: — ¡Señor, escúchame y salva a mi hijo!"

bró una semilla de trigo. Y cuando terminaron la cosecha y la trilla [esta semilla] produjo cien coros[37] y [entonces], llamando a todos los pobres de la aldea al granero, les regaló el grano y José se llevó consigo lo que había quedado. [Jesús] tenía ocho años cuando hizo este milagro.

XIII

1. Su padre era carpintero y por aquellos días fabricaba arados y yugos. [En cierta ocasión] un rico le encargó que le hiciera una cama.[38] Pero como uno de los maderos [era más corto que el otro],[39] José no atinaba qué hacer, y el niño Jesús le dijo a su padre [José]: —Pon abajo los dos maderos e iguálalos partiendo desde la parte central.[40]

---

[37] En la nota que corresponde a este pasaje, De Santos nos informa que el coro equivale a 393 hectólitros. La semilla que sembró Jesús produjo, pues, el equivalente a 39 300 hectólitros, cantidad muy grande de grano.

[38] Se trata de un mueble sencillo, sin adornos, el *krábbatos*, muy diferente a las elegantes *koitai* o los *leja* de que nos hablan los poemas homéricos. Es más, el término significa también camilla.

[39] *Sin*: "Y salió al campo a juntar madera y lo iba acompañando Jesús y tras cortar dos maderos y haber tajado con el hacha uno, lo puso cerca del otro y, al medirlo, descubrió que estaba más corto y, al darse cuenta [de ello], se entristeció".

[40] Los códices *Va* y *Sin* dan sendas versiones interesantes de lo ocurrido. La primera dice: "Jesús le dijo: — No te apures. Toma ese madero por un extremo y yo [lo tomaré] por el otro y jalémoslo". La segunda: "—Pon estos dos [maderos] juntos y recorta ambos, a manera de igualarlos".

2. Y José hizo lo que le decía el niño. Y Jesús se puso en el otro extremo y tomó el madero más corto y haciéndolo extenderse, lo estiró hasta que alcanzó la misma longitud que el otro.[41] Y su padre José vio [aquello] y se admiró y se acercó al niño y lo besó, diciendo: —¡Feliz de mí, porque dios me ha dado este hijo![42]

XIV

1. Cuando José consideró la inteligencia y la edad del niño, que estaba madurando, deseó una vez más que no quedara ayuno de letras y lo llevó y entregó a otro maestro. Y éste dijo a José: — Le enseñaré primero las letras griegas y después las hebreas.[43] El maestro conocía la habilidad del muchacho y lo temía. Entonces

---

[41] *Va* dice: "Jesús le dijo: — No te entristezcas. Toma este leño de un extremo y yo por el otro y alarguémoslo". En tanto que el *Sin* dice: "Pon juntos estos dos [maderos] y cortémoslos iguales".

[42] *Sin* da por terminada la narración aquí, observa De Santos; sólo añade: "Y se fueron a la ciudad y José relató a María [lo sucedido]. Y aquélla, al oírlo, y al ver las increíbles (*parádoxa*) grandezas (*megaleia*= milagros) de su hijo, se regocijó y lo alabó junto con el Padre y el Espíritu Santo, ahora y siempre y por los siglos de los siglos. Amén".

[43] *Va* dice: "Y ese doctor dijo a José: —¿Qué letras deseas que enseñe a este muchacho? Y José le respondió diciendo: —Primero enséñale las letras de la gentilidad y después las hebreas". Creo que es sumamente significativo que José prefiera la enseñanza del griego que la del hebreo, pues indica muy a las claras la influencia y el poder cultural que lo helénico seguía teniendo entonces, a través de lo romano... y a pesar suyo.

escribió el alfabeto[44] y le dio instrucción durante muchas horas, sin obtener respuesta alguna.

2. Y Jesús le dijo: —Si eres realmente maestro y conoces bien las letras, explícame la fuerza de la alfa y yo te expondré la de la beta. Y el maestro, indignado, le golpeó la cabeza y el niño, adolorido, lo maldijo e inmediatamente [el maestro] se desmayó y cayó por el suelo sobre la cara.

3. Y el niño regresó a la casa de José. Y José se entristeció y ordenó a la madre que no le permitiera trasponer la puerta, porque morían los que lo encolerizaban.

XV

1. Después de un tiempo, otro maestro, amigo querido de José, le dijo: —¡Llévame al niño a la escuela![45] Tal vez pueda enseñarle las letras usando cierta zalamería.[46] Y José le contestó: —¡Hermano! Si te atreves, llévatelo contigo. Y [el maestro] lo tomó consigo con gran miedo y zozobra: el niño caminaba de buena gana.[47]

---

[44] La simple palabra "alfábeton" indica que se trata del griego, ya que el sistema hebreo de escritura se llama alefato.

[45] *Didaskaleion*.

[46] El término griego que vierto como zalamería (o adulación) es *kolasía*, que De Santos traduce dulzura.

[47] Literalmente, el texto original dice "con dulzura" (*hedeos*).

2. Y entrando decididamente en la escuela, encontró un libro sobre el pupitre, lo tomó y no leyó las letras (palabras) que allí estaban, sino que, abriendo la boca, hablaba por el Espíritu Santo y enseñó la ley a los que allí estaban y que lo oían.[48] Y acudió mucha gente que se reunió [allí] y lo oía y que se asombraba de la belleza de su enseñanza y por la disposición de sus palabras, pues, siendo tan pequeño, decía tales cosas.

3. Y José, al oírlo, temió y corrió hacia la escuela, reflexionando si ese maestro [demostraba inexperiencia].[49] Y el maestro dijo a José: —Para que sepas, hermano, que yo tomé [primeramente] al niño como discípulo y él rebosa gracia y sabiduría. Por lo demás, hermano, te pido que te lo lleves a casa.

4. Cuando el niño oyó esto, le sonrió y dijo: —Puesto que has hablado de manera correcta y así lo has testificado, a través de ti será curado también el herido. E inmediatamente quedó sano el otro maestro. Y José se llevó consigo al niño a su casa.

---

[48] *Va* comenta: "Y todos los que allí estaban lo escuchaban con diligencia y el maestro estaba sentado a su lado y lo oía con deleite y le suplicaba que les diera más enseñanza. Y como se congregó una gran muchedumbre, cada uno oía la santa doctrina que enseñaba y las hermosas (*dilectos* significa literalmente amados) palabras que salían de su boca y [se admiraban de] que, siendo tan pequeño, dijera tales cosas".

[49] Vuelve a aparecer el adjetivo *anáperos* que, según se vio, significa literalmente mutilado. Por derivación, puede indicar incapacidad o torpeza.

XVI

1. Y envió José a su hijo a Santiago,[50] para que hiciera haces de leña y los llevara a su casa. Y lo seguía el niño [Jesús]. Y cuando Santiago recogía los sarmientos, una serpiente mordió la mano de Santiago.

2. Y él se echó en el suelo y estaba a punto de morir [cuando] se le acercó Jesús y sopló en la mordedura. Y de inmediato cesó el dolor y el animal reventó y Santiago volvió a quedar inmediatamente sano.

XVII

1. Después de esto un muchacho que vivía cerca de José enfermó y murió y la madre lo lloraba mucho. Y Jesús oyó [decir] que había un gran duelo y un gran alboroto y corrió [hacia allá] con diligencia. Y al encontrar al muchacho muerto, le tocó el pecho y le dijo: — Te digo, bebé, que no mueras, sino que vivas y estés con tu madre. Y él [el niño], abriendo los ojos, se echó a reír. Y [Jesús] dijo a la mujer: —Llévatelo, dale leche y recuérdame.

2. Y al ver esto la gente que estaba allí, se admiró y dijo: —En verdad, este niño es dios o un ángel de dios, porque toda palabra suya se convierte en obra ya preparada.[51] Y Jesús salió de allí, jugando también con otros niños.

---

[50] Iákobos.

[51] *Va* omite el episodio del templo que aparece en el capítulo XIX y concluye el escrito de la siguiente manera: "Después de todo esto, Tomás el ismaelita: escribí lo que vi y recordé para la gente y nuestros hermanos y muchas otras cosas que hizo Jesús, que nació en tierras

XVIII

1. Después de un tiempo una casa estaba en construcción y había un gran estrépito y Jesús se levantó y fue hasta allí. Y al ver a un hombre muerto que allí estaba, lo tomó por la mano y dijo: —Te digo, hombre, ¡levántate,[52] haz tu trabajo! Y [aquél], levantándose inmediatamente, lo adoró.

2. Al ver [aquello] la gente, se admiró y dijo: —Este niño es celestial, porque [ya] ha salvado a muchas almas[53] de la muerte y seguirá salvando [a otras] durante toda su vida.

XIX

1. Cuando tenía doce años sus padres, de acuerdo con la costumbre, fueron a Jerusalén, a la fiesta de la pascua, al lado de algunos acompañantes del camino. Y después de la pascua regresaron a su casa. Y mientras regresaban,

---

de Judea. He aquí todo lo que vi: la casa de Israel desde lo primero hasta lo más reciente, todos los signos y milagros que hizo Jesús entre ellos, [que son] muy buenos. Y es él el que debe juzgar al mundo según la voluntad de su padre inmortal e invisible, tal como lo explican las santas escrituras y como lo testimoniaron los profetas, [que] son obra suya, ante todos los pueblos de Israel, porque él es el hijo de dios en todo el orbe de la tierra. Se le debe [dar] toda la gloria y el honor para siempre, al dios que vive y reina por todos los siglos de los siglos. Amén".

[52] Es decir ¡resucita! (el mismo doble juego que ya apareció más arriba).

[53] Almas se dice en vez de vidas o personas.

Las controversias de la fe ✤ *63*

su hijo Jesús subió[54] a Jerusalén, en tanto que sus padres suponían que estaba entre los compañeros de viaje.

2. Y cuando llevaban ya un día de viaje, lo buscaron entre sus parientes y al no encontrarlo, se afligieron y se devolvieron una vez más a la ciudad, buscándolo. Y después del tercer día lo hallaron en el templo, sentado en medio de los maestros, oyéndolos y haciéndoles preguntas. Todos lo atendían y estaban pasmados [al pensar] cómo, a pesar de ser niño, hacía que enmudecieran los más viejos y a los maestros del pueblo, pues explicaba los puntos capitales de la ley y las parábolas de los profetas.[55]

3. Y cuando llegó María, su madre, le dijo: —¿Por qué nos hiciste esto, hijo? Mira, llenos de preocupación te estábamos buscando. Y Jesús les dijo [a sus padres]: ¿Por qué me buscáis? ¿No sabéis que tengo que ocuparme de los asuntos de mi padre?

---

[54] "Subir" y no ir se dice siempre, en el uso hebreo, cuando se trata de Jerusalén. El empleo de ese verbo obedece no sólo a razones geográficas (Jerusalén está ligeramente arriba de las demás ciudades), sino en el sentido místico, ya que se asciende a la ciudad santa por antonomasia.

[55] La ley es, por supuesto, la Toráh (Pentateuco), en tanto que las "parábolas" de los profetas son, supongo, las imágenes y el lenguaje figurado de éstos. Creo descubrir también una alusión a las profecías propiamente dichas, en el sentido de que hay cierto paralelismo entre los contenidos de ambos géneros, pues si las parábolas, mediante un lenguaje alegorizante, orientan hacia la conducta recta, las profecías, por medio del vaticinio (con frecuencia convertido en realidad amarga) advierten y amonestan con el ejemplo doloroso de la realidad.

4. Y [entonces] los escribas y los fariseos dijeron: —¿Eres tú la madre de este muchacho? Y ella contestó: —Yo soy. Y le dijeron: —Bienaventurada eres entre las mujeres porque dios bendijo el fruto de tu vientre. Porque nunca habíamos visto ni oído tanta gloria, tanta virtud y tanta sabiduría.

5. Y Jesús se levantó y siguió a su madre y se mostraba obediente [sumiso] con sus progenitores. Su madre conservaba [recuerdo de] todas estas cosas. Y Jesús avanzaba en sabiduría, edad y gracia. Sea para él la gloria por los siglos de los siglos. Amén.

Los enunciados de Jesús hallados en Oxirrinco

A fines del siglo xix y principios del presente, B. P. Grenfell y A. S. Hunt, expertos en cuestiones neotestamentarias, descubrieron varios enunciados[1] de Jesús en tres papiros de la antigua localidad egipcia de Oxirrinco,[2] la actual Behnesa. Los sabios trabajaban en el sector grecorromano del Fondo para la Exploración de Egipto [Egypt Exploration Fund]. El entusiasmo inicial, plenamente comprensible, nació de que los descubridores creyeron haber encontrado las *Exposiciones* [*Exegeseis*] de Papías o, incluso, los propios *enunciados del Señor [logia kyriaká]* en que se suponía que se habían basado los autores de los evangelios sinópticos para escribirlos. No es necesario subrayar la trascendencia que podían tener estos documentos, de tan modesta apariencia: ¡dar con las palabras mismas de Jesús, no filtradas a través del punto de vista de ningún discípulo ni deformadas por interpretación alguna!

---

[1] Es, recordemos, la versión española que propongo para el tecnicismo griego *logia*, de uso continuo en estos asuntos.

[2] Oxyrhynchus es la forma latina.

El primero, hallado en 1897, es una hoja papirácea que con suma probabilidad data de finales del siglo II o principios del III. Una mano que, al parecer, es postérior, añadió una especie de identificación: IA, que, en el sistema numérico griego equivale al número 11. Esto parece indicar claramente que se trataba de un libro y que el número corresponde a uno de los cuadernillos que lo integraban. Contiene ocho *logia* de Jesús, que muestran marcada similitud con los pasajes correspondientes de los sinópticos, en especial con Mateo y Lucas.

El segundo documento fue encontrado en 1904: es un rollo de papiro, procedente también de la tercera centuria, aunque algo posterior al primero. Como tiene un título y un prólogo, se ha supuesto que precede al anterior, aunque ambos pertenezcan a la misma colección de *logia*.[3]

El tercero, que lleva el número 655, data del siglo III y tiene una especial importancia por contener un texto evangélico por completo novedoso, aunque desgraciadamente mutilado: ¡de las cincuenta líneas originales sólo se han podido reconstruir, con un grado satisfactorio de certeza, veintitrés! El paralelismo de la respuesta que da Jesús a sus discípulos con un texto que pertenece al Evangelio de los egipcios, permite suponer que nuestro texto formó parte de este documento, que mencionan algunos padres de la iglesia, entre ellos Clemente de Alejandría e Hipólito.

Otros *logia* encontrados posteriormente en otros lugares tienen, por lo contrario, un contenido sumamen-

---

[3] James, a quien seguimos, cita la opinión de H. G. Evelyn White (*The Sayings of Jesus from Oxyrhynchus*, Cambridge, 1920) en el sentido apuntado. Este autor también cree que ambos fragmentos se han tomado, extractados, del *Evangelio según los hebreos*.

te controvertible, ajeno, o cuando menos muy distante, a lo que se considera el mensaje evangélico genuino, tal como aparece en los tres sinópticos. La propia extrañeza que producen en el lector dado a la frecuentación de los evangelios ha hecho suponer a algunos eruditos que se trata de textos, más que de carácter evangélico, de índole apocalíptica, lo cual lleva, necesariamente, a una larga y espinosa discusión acerca de los géneros, tal como se han empleado tradicionalmente en la interpretación de la Biblia.

Dentro de las hipótesis que tratan de explicar el género de los *logia* de Oxirrinco [Behnesa] surgió una, no carente de coherencia, que ve en los fragmentos que tanto han inquietado a los estudiosos del cristianismo una forma muy primitiva de asentar sin ambages ni comentarios lo dicho por el fundador: la cita directa, ajena a cualesquier pormenores y renuente a la anécdota. Una especie de "Book of Quotations" atribuidos a Jesús.

Sin embargo, casi todos los especialista rechazaron esta propuesta, tal vez porque contravenía excesivamente sus hábitos y actualmente prefieren ver en estos *logia* una especie de antología o recopilación, útil como un vademécum espiritual, tomada de un documento hoy perdido, pero estructurado de acuerdo con las líneas que caracterizan a los otros escritos evangélicos. Nace entonces el gran problema: identificar el texto que sirvió de fuente o, una posibilidad todavía más remota, esperar un hallazgo providencial que lo encuadre en el esquema genérico general que se ha usado [y del que se ha abusado] en el análisis bíblico, para tranquilidad de las conciencias cruditas.

En la práctica de los estudiosos, los papiros han recibido los números 654 (1904) y 1 (1897) y 655 (1904) y suelen editarse juntos, siguiendo algunas veces el orden que propongo [que atiende a la estructura y al orden que pudieron guardar originalmente los documentos, si se ha de admitir que ambos formaban parte de una misma empresa mnemotécnico-propagandística] o en el cronológico. Pero la inclusión de estos textos en una obra que tiene en la mira lo que he llamado deliberadamente "el ciclo tomasino" necesita unas palabras de aclaración.

Una de las sorpresas más interesantes de las muchas que deparó el hallazgo de Nag Hamadí fue descubrir que los *logia* contenidos en los papiros 1 y 654 de Oxirrinco corresponden a los *logia* número 26-33, 77 y 1-6 del Evangelio de Tomás[4] hallado en esa localidad y que tradujimos en otra parte de esta obra. La congruencia, algunas veces casi identidad, de algunos de estos fragmentos con el texto tomasino ha hecho más apremiante aún encontrar el manantial textual que dio origen, posiblemente, a estas dos corrientes documentales, el 655 plantea problemas todavía más acuciantes por ser más críptico.

Al lado de la indiferencia de estudiosos como Esser,[5] que no se inquieta por dar con tal paternidad, puesto que la mano del redactor final, supone, debe de haber hecho algo parecido a muchos de los textos completamente inidentificables con el original, encontramos que White,[6]

---

[4] Denominado algunas veces *Evangelio gnóstico de Tomás*, para distinguirlo de los demás documentos que se atribuyen al hermano de Jesús.

[5] *Die neu aufgefundenen "Sprüche Jesu".*

[6] *The Sayings of Jesus from Oxyrhynchus* (1920), ya citado.

quien se ocupó de estos asuntos desde 1920, y Zahn,[7] llegan a la conclusión de que los dos fragmentos de Oxirrinco pertenecen al mismo original, aunque sea imposible reconstruirlo.

Reitzenstein, por su parte, gran autoridad en estos temas, supone que el libro de donde se desgajaron estos preciosos documentos se seguía leyendo en la liturgia y la práctica cristianas hasta el siglo VI o VII, al lado de los textos canónicos del Nuevo Testamento. Polemizan Harnack[8] y Preuschen,[9] que comparten la misma opinión, con Batiffol,[10] pues sostienen los primeros que el original es el *Evangelio según los egipcios*, mientras que el erudito francés, secundado por White,[11] se inclina a pensar que en un principio formaban parte del *Evangelio según los hebreos*.

Sea como fuere, los enunciados de Jesús que traduciremos a continuación complementan el inquietante panorama que se comienza a entrever en la lectura del *Evangelio gnóstico de Tomás*. La cercanía conceptual es algunas veces controvertible; parece no serlo el mundo que evocan, un ámbito humano transfigurado, esperanzado por la certidumbre de un más allá de retribución y justicia, cuya consecución debe provenir de seguir el mensaje de Jesús o atenerse, encapsularse en la satisfacción de los apetitos, a sabiendas de que el

---

[7] *Die jüngst gefundenen Aussprüche Jesu.*

[8] *Über die jüngst entdeckten Sprüche Jesu.*

[9] *Antilegomena.*

[10] *Les "logia" du papyrus de Behnesa.*

[11] 1920.

futuro que espera al hedonista y al transgresor es de temor, temblor y crujir de dientes.[12]

No ha dejado de llamar la atención a los estudiosos un hecho palmario: la estructura de algunas oraciones recuerda el ámbito judaico, el ambiente judío del siglo inicial de nuestra era, con todo lo que conlleva de tensiones sectarias y polémicas enconadas en torno a hechos imponderables: mal podría ser de otra manera si tomamos en cuenta el trasfondo cultural y religioso de Jesús y sus seguidores. Sin embargo, ciertas promesas insinuadas [*conoceréis el misterio escondido*] apuntan a un medio gnóstico, amigo de este lenguaje que señala en la lejanía, en lo oculto y venidero, algo que no es comprensible sino a quienes se han sometido a un adoctrinamiento específico, es decir, los iniciados, los que poseen esa sabiduría específica llamada *gnosis*. Y este sesgo o, mejor dicho, esta dicotomía, separa a los ignorantes, que son la mayoría, de los sabios, que son quienes se han sometido al aprendizaje de la sabiduría verdadera: ese conocimiento iluminativo que se llama *gnosis*, que no tiene vínculo alguno con el saber cientí-

---

[12] La retribución, la justicia de que hablo es trascendente, pues no ha de llegar en esta vida (que sólo nos puede ofrecer vislumbres de la definitiva, que se vive después de la tumba) y se dividirá en una eternidad de gozo, en un aleluya continuo, o en una perennidad de negrura, quejidos y sufrimiento sin límites. Bien sabemos que esta rotundidad, esta carencia de piedad, esta inconmensurabilidad entre los méritos y deméritos habidos en el lapso, siempre breve, de una vida humana frente a un tiempo cuyo arco se expande sin cesar hasta ser eterno, angustió a Orígenes y le hizo fraguar su hipótesis de la restauración del estado original, paradisíaco, impoluto, del hombre: la apocatástasis, rechazada, anatematizada por la filosa decisión de la Iglesia.

fico y sí con la comprensión, la simpatía o empatía del iniciado con el mundo, entendido éste como el recinto en que vive el hombre, recinto dentro del cual el gnóstico, el sabio verdadero, descubre e identifica el sentido profundo, real, de todas las cosas.

El texto griego original que uso para esta versión aparece en De Santos, 1996, 85-87 (papiro 1 *Oxyrhynchi*) y 89-91 (papiro 654 *Oxyrhynchi*). Por lo que atañe al otro papiro de Oxirrinco, el número 655, se encuentra en su texto griego original y en versión española en el propio De Santos, 73 y s.

EL PAPIRO 1 DE OXIRRINCO

I

... y entonces verás que se quita la paja que está en el ojo de tu hermano...

II

Dice Je[sús]:[13] —Si no os abstenéis[14] del mundo, no encontraréis el reino de D[io]s y si no sabatizáis[15] el sábado, no veréis a[l] Pa[dr]e.

---

[13] El nombre de Jesús aparece siempre indicado sólo con una "I", inicial de Iesoús.

[14] El texto dice literalmente "si no ayunáis".

[15] El griego trae el hermoso verbo *sabbatízein*, honrar, cumplir los rituales del sábado. Preferí crear un neologismo a dejar en la oscuridad el juego de palabras.

III

Dice Je[sús]: — e[s]tuve en la mitad del mundo y en la carne fui visto por ellos. Y encontré a todos borrachos y no encontré entre ellos a nadie que tuviera sed.

IV

Y pena mi alma por [causa de] los hijos de los ho[mbr]es porque son ciegos en s[u] corazón y [no] ven a ... la pobrez[a].

V

[Di]ce Je[sús]: —Donde[quiera] que estén [...] e [.......] dioses y [don]de[quiera que] uno esté solo [¿así?][16] yo estoy con é[l]. Leva[nta] la pied[ra] y allí me encontrarás, corta el leño y allí estoy.

VI

Dice Je[sús]: —No es aceptado un profeta en s[u] pa[tri]a ni el médico hace curaciones entre los que l[o] conocen.

VII

Dice Je[sús]: —una ciudad construida en la cima de una [mon]taña alta y fortificada, ni puede ca[e]r ni permanecer o[cu]lta.

---

[16] Propongo que se lea *outo*, así.

VIII

Dice Je[sús]: —Oyes con una de tus orejas, el ...

EL PAPIRO 654 DE OXIRRINCO

[...] []os. Tales son los discursos [*lógoi*] que ... [di]jo Je[sús], [s]eñor viviente... y a Tomás. Y díjo[les: —Quienquiera que] oiga es[tas] palabras no gustará [la muerte].

I

[Dice Je[sú]s]: —Que el que bus[ca], no cese ... [hasta que] encuentre y cuando encuen[tre] se conmocionará y al estar conmocionado, reinará [y] tras haber reinado, reposará.

II

Dice Ju[das: ¿quiénes, pues] [son] los que nos arrastran [hacia arriba, al cielo, si] el reino [está] en el cie[lo?] Dice Je[sús]: —Las aves del cie[lo] los animales[17] y cualquier ser[18] que [viva] bajo tierra o sobre ella [y] los peces del

---

[17] Alude a los animales terrestres, sin ningún matiz de fiereza (aunque el término griego *thería* podría sugerirlo) y equivale, en cierta medida, a los seres llamados colectivamente *behemáh* en el Génesis, es decir, no sólo los habitantes de los bosques y las montañas, sino también los de corral y pastoreo. La versión que da De Santos (fieras) no se condice, creo, con el contexto.

ma[r], que os arrastran hacia di[os] y el rei[no de los cielos] está[n] dentro de vosotros. Y quienquiera que [conozca] a di[os], lo encontrará[19] porque conociéndolo os conoceréis a vosotros mismos [y sabréis que sois] hijos del padre per[fecto] y al mismo tiempo que os conoceréis a vosotros mismos [sabréis] que habréis de [reinar en el cielo]: vosotros sois la ci[ud]ad de di[os].

III

[Dice Je[sús][: —no vacilará el hom[bre que ignora dónde] ha de llegar en preguntar a uno cualquiera de sus compañeros dónde [está] el lugar en que se le ha de aceptar.[20] Y si no, sabrá que muchos que son primeros serán últimos y que los últimos serán los primeros y [serán] los únicos que han de tener vida.[21]

IV

Dice Je[sús]: —[todo lo que no está fren]te a tu mirada y [lo que está escondido] de ti te será reve[la]do, porque no hay nada escondido que no llegue a estar evidente ni hay nada soterrado que [no sea excavado].

---

[18] Empleo muy ágil del indeterminado griego *tí*.

[19] El reino de los cielos está sobrentendido.

[20] El texto, que dista mucho de ser claro, dice literalmente "el lugar de la aceptacion (o de la recepción)".

[21] Se sobrentiende que es la vida eterna.

V

[Pregúntan]le los [discípulos suyos y] le dicen: —¿cómo hemos de a[yunar? y cómo debemos rezar y de qué manera hemos de dar limosna]? ¿Y qué hemos de conservar de todo esto? Dice Je[sús]: — [Tened cuidado, no] perdáis la re[compensa]. No hagáis nada, sino lo que pertenece a la verdad. [Porque si tales cosas hicieseis] [conoceréis] el mis[terio escon]dido. [Os] digo: bienaventurado el que...

EL PAPIRO 655 DE OXIRINCO

Ni [des]de la mañana has[ta la tarde ni] desde la tarde hasta la mañana [siguiente][22] [os preocupéis] por vuestro [alimento] ni por lo que co[meréis], ni por vuestro vestido ni por lo que vesti[réis]. [Mucho] más valiosos [sois] que los lirios, que [cre]cen pero no hilan y tienen un [solo] vestido. ¿Qué ves[tido] tenéis también vosotros? ¿quién [podría] acrecentar vuestra estatura? Ese [mismo] os dará vuestro ropaje. [Y] los discípulos le dicen: ¿cuándo te nos harás manifiesto y cuándo te

---

[22] Se ha supuesto, por el paralelismo con ciertos pasajes del texto canónico de los evangelios, que la laguna debe llenarse mediante la intercalación del verbo "preocuparse". Los pasajes paralelos por lo que atañe a los lirios son Mat. 6, 25-26 y Luc. 12, 22-23. Mat. 6, 27 y Luc. 12, 25 corresponden a la alusión a la edad y la imposibilidad de prolongarla siquiera por un día.

veremos? Dice: —Cuando estéis desvestidos y no os avergoncéis ... ...[23]

... decía: —Las llaves del [reino] escondie[ron, ellos no] en[traron] ni a [los que] llegaban les permi[tieron entrar. Vosotros] ha[ceos pruden]tes co[mo] las serpientes y sen[cillos como las palomas].

---

[23] Es muy clara la alusión al Génesis (3, 7): Adán y Eva, conscientes de haber transgredido la orden que les dio el señor, se percatan de que están totalmente desnudos y se avergüenzan de estarlo. La desnudez original indica la pureza inicial, que se pierde cuando los ojos morales se abren a la conciencia de pecado. Los padres del género humano estaban originalmente desnudos *velo yitboshashu, y no se avergonzaban.*

Tratado de la infancia de Jesús, según Tomás

Aquí comienza el tratado de la infancia de Jesús, según Tomás.

I. Cómo María y José huyeron con él a Egipto[1]

1. En vista de la revuelta [causada] porque Herodes estaba haciendo pesquisiciones en busca de Nuestro Señor Jesucristo, con el fin de matarlo, un ángel le dijo a José: —Toma a María y a su hijo y huye a Egipto [escondiéndote] de quienes quieren matarlo. Jesús tenía dos años cuando entró en Egipto.

2. Y mientras andaba por un campo sembrado, alargó la mano y tomó algunas espigas y las puso al fuego y las trituró y comenzó a comer.

---

[1] Sólo dispongo, por desgracia, del texto latino de tres capítulos del evangelio. Se puede encontrar en De Santos, MCMXCVI, 297-300. Lo demás lo traduzco de la versión inglesa tomada de James, 1953, 58-70.

3. Y cuando entraron en Egipto encontraron hospedaje en casa de una viuda y permanecieron allí durante un año.

4. Y así cumplió Jesús su tercer año. Y al ver a unos niños que jugaban, empezó a jugar con ellos. Y tomó un pescado seco y lo echó en una cacerola y le ordenó que palpitara.[2] Y comenzó a palpitar. Y dijo, además, al pescado: —Expulsa toda la sal que tienes y nada en el agua. Y así sucedió. Y cuando los vecinos vieron lo que había hecho, lo anunciaron a la viuda en cuya casa vivía María, madre de él. Y ella lo oyó y con gran rapidez los expulsó de su casa.

II. Cómo su maestro lo expulsó de la ciudad

1. Y andaba caminando Jesús con María, su madre, por la plaza de la ciudad y vio a un maestro que impartía sus enseñanzas a sus discípulos. Y he aquí que doce gorriones que se peleaban cayeron por el muro sobre el regazo del maestro que daba clases a los niños. Y cuando vio [eso] Jesús, se divirtió [con ello] y se detuvo.

2. Y cuando aquel doctor[3] vio que se divertía dijo, furioso, a sus discípulos: —¡Id y traédmelo! Y cuando compareció [ante él], el maestro lo tomó por la oreja y dijo: —¿Qué viste, que te divirtió tanto? Y él le contestó: —Maestro, tengo la mano llena de trigo: la mostré a ellos y esparcí el trigo y [ellos], aunque corrían peligro, lo

---

[2] Que diera señales de vida.

[3] Se sobrentiende que el maestro aludido.

quitaron de en medio: por eso lucharon entre sí, para dividir el trigo. Y Jesús no fue de allí a otra parte hasta que se hubiera cumplido aquello. Y cuando sucedió aquello, el maestro comenzó a expulsarlo de la ciudad junto con su madre.

III. Cómo Jesús fue expulsado de Egipto

1. Y he aquí que un ángel del Señor salió al encuentro de María y le dijo: —Toma al niño y regresa a la tierra de los judíos, porque ya han muerto quienes buscaban su alma.[4] Y se levantó María con Jesús y se trasladaron a la ciudad de Nazaret, que se encuentra en la heredad de su padre.

2. Cuando salió José de Egipto, después de la muerte de Herodes, lo llevó[5] al desierto hasta que de nuevo hubiera paz en Jerusalén por parte de quienes buscaban el alma del niño.[6] Y dio gracias a dios que le dio inteligencia y por encontrar gracia frente a dios, el Señor. Amén.[7]

---

[4] El alma, en el uso habitual del hebreo bíblico, designa la vida.

[5] Se supone que al niño, a Jesús.

[6] Mismo empleo de la expresión (nota 4).

[7] De Santos (*ibid.*, 300) añade el texto griego correspondiente, que se encuentra en Delatte (*Anecdota Atheniensia I, [Bibliotheque de la Faculté de Philosophie et Lettres de l'Université de Liège, XXXVI], ps. 264-271*). Difiere en algunos detalles importantes y dice: "Habiendo conocido a Jesús desde Egipto, lo instaló en el desierto después de la muerte de Herodes hasta que cesó la agitación en Jerusalén. Y yo comencé a dar gloria a dios y yo, Santiago, al que me había dado sabiduría porque enfrente de él descubrí [cómo] escribir su historia. Amén".

[A partir de aquí, sigo el texto inglés de la edición de James, ya citada].

o, Y María se levantó con Jesús y fueron a la ciudad de Cafarnaún, que está en la Tiberíada[8] a la heredad de su padre. 2. Pero cuando José oyó [supo] que Jesús había salido de Egipto después de la muerte de Herodes, lo tomó..., etcétera.

o Después de estas cosas, un ángel del Señor vino a José y María, la madre de Jesús, y les dijo: —Tomad al niño, regresad a la tierra de Israel, porque han muerto quienes buscaban la vida del niño. Y se levantaron y fueron a Nazaret, donde José poseía los bienes de su padre. 2. Y cuando Jesús tenía siete años de edad, había paz en el reino de Herodes de parte de todos aquellos que habían buscado la vida del niño. Y regresaron a Belén y habitaron allí.

IV. Qué hizo Jesús en la ciudad de Nazaret

Es *una obra* gloriosa para Tomás, el israelita (ismaelita), apóstol del Señor, decir las obras [que hizo] Jesús después de salir de Egipto e ir a Nazaret. Oíd [comprended] todos vosotros, amados hermanos, las señales[9] que el

---

[8] Utilizo este gentilicio para indicar la región en que se encuentra Tiberías.

[9] Señales o signos equivale a milagros en el lenguaje del Nuevo Testamento.

Señor Jesús hizo cuando estaba en la ciudad de Nazaret, tal como se dice en el primer capítulo.

1. Cuando Jesús tenía cinco años cayó un gran chubasco sobre la tierra y el niño Jesús andaba en medio. Y la lluvia era terrible y juntó el agua en un estanque y ordenó con una palabra que se pusiera transparente y de inmediato así sucedió.

2. Y en esa ocasión tomó arcilla proveniente de ese estanque y fabricó con ella hasta doce gorriones. Y era sábado el día en que Jesús hizo esto entre los niños de los hebreos; y los hijos de los hebreos fueron y dijeron a José, su padre: —¡Oh! tu hijo estaba jugando con nosotros y tomó algo de arcilla e hizo gorriones, que no está permitido hacer en sábado y [así] lo infringió. Y José fue al niño Jesús y le dijo: —¿Por qué hiciste esto que no se podía hacer en sábado? Pero Jesús abrió las manos y dio órdenes a los gorriones, diciendo: —¡Id a las alturas y volad! no encontraréis la muerte a mano de ningún hombre. Y volaron y comenzaron a piar y alabar al dios omnipotente. Pero cuando los judíos vieron lo que había hecho, se maravillaron y se fueron, proclamando los signos[10] que Jesús había hecho.

3. Pero un fariseo que estaba con Jesús arrancó una rama de olivo y comenzó a vaciar el estanque que había hecho Jesús. Y cuando vio aquello Jesús, se molestó y le dijo: —¡Oh tú, [hijo] de Sodoma, descreído

---

[10] Ver nota anterior.

e ignorante! ¿qué molestia te causaba el manantial que hice? ¡Ay! serás como un árbol seco que no tiene raíces, ni hojas, ni frutos. E inmediatamente se secó [aquel] y cayó por tierra y murió; pero sus padres se lo llevaron consigo, ya muerto, y reprocharon a José, diciendo: —Mira lo que ha hecho tu hijo: ¡enséñale a rezar y a no blasfemar!

V. Cómo la gente de la ciudad estaba airada contra Jesús a causa de lo que Jesús había hecho

1. Y después de algunos días, cuando caminaba Jesús con José a través de la ciudad, uno de los niños salió corriendo y golpeó a Jesús en los brazos; Jesús le dijo: —¡Deja ya de correr! E inmediatamente cayó a tierra y murió. Pero cuando ellos vieron este prodigio, gritaron diciendo: —¿De dónde viene este niño? Y dijeron a José: —No está bien que tal niño esté entre nosotros. Y se fue y lo tomó consigo. Y le dijeron: — ¡Vete de este lugar! y si tienes que quedarte con nosotros, enséñale a rezar y no a blasfemar, porque nuestros hijos son muertos *por él.*[11]

2. Y José llamó a Jesús y comenzó a hacerle admoniciones, *diciendo:* —¿Por qué blasfemas? Quienes viven en este lugar han concebido odio contra nosotros. Pero Jesús le dijo: —Sé que estas palabras no son mías, sino tuyas. Pero ahora, en beneficio tuyo, mantendré mi paz, pero hazles ver [soportar] su torpeza. E inmediatamente quienes hablaban contra Jesús

---

[11] James observa que el original dice *pierden el sentido.*

quedaron ciegos y mientras andaban de aquí para allá decían: —Toda palabra que sale de su boca tiene cumplimiento.

3. Y cuando José vio lo que Jesús había hecho, lo agarró, encolerizado, por la oreja, pero Jesús se molestó y dijo a José: —¡Que te sea suficiente con verme y no tocarme! Porque no sabes quién soy, porque, si lo supieras, no me atormentarías. Y aunque ahora estoy contigo, fui hecho antes que tú.

VI. Cómo fue tratado Jesús por el maestro

1. Había un hombre llamado Zaqueo que oyó todo lo que Jesús dijo a José y se maravilló [de ello] y dijo: —Nunca había visto a un niño que hablara de este modo. Y se acercó a José y le dijo: —Tienes un hijo inteligente; entrégamelo para que le enseñe a leer y una vez que haya aprendido el estudio de las letras, le enseñaré de manera reverente, para que no llegue a ser atolondrado. José le contestó y le dijo: —Nadie puede enseñarle, sino el propio dios. ¿Piensas que este muchacho nos ocasionará un pequeño tormento, hermano? [12]

2. Pero cuando Jesús oyó a José decir estas cosas, dijo a Zaqueo: —En verdad, maestro, todas las cosas que proceden de mi boca son verdaderas. Soy anterior a todos los hombres y soy el Señor, [en tanto que] vosotros sois hijos de extranjeros. Porque a mí me fue dada la

---

[12] James observa que la traducción siriaca añade aquí lo siguiente: *¿Piensas que merece recibir una pequeña cruz?*

gloria de ellos [de los mundos], mientras que a vosotros nada os ha sido dado: porque yo soy anterior a *todos* los mundos. Y sé cuántos serán los años de tu vida y cuándo izarás ese estandarte [13] de que habló mi Padre y *entonces tú* comprenderás que todas las cosas que proceden de mi boca son verdaderas.

3. Pero los judíos que estaban cerca y que oyeron lo que dijo Jesús se maravillaron y dijeron: —*Ahora* sí que hemos visto muchos prodigios y oído palabras similares en boca de este niño, tales como nunca habíamos oído ni oiremos de ningún otro hombre, ni de los altos sacerdotes ni de los doctores ni de los fariseos.

4. Jesús les contestó y les dijo: —¿Por qué os maravilláis? ¿Creéis que es cosa increíble que os haya dicho la verdad? Sé dónde habéis nacido y vuestros padres y si yo hubiera de deciros algo más, os diría que sé cuándo fue creado el mundo y quién me envió a vosotros.

Cuando los judíos oyeron las palabras que el niño decía, se irritaron porque no podían contestarle. Y el niño se dio vuelta y se regocijó y dijo: —Os dije un proverbio; pero sé que sois débiles y que no sabéis nada.

5. Entonces, el maestro dijo a José: —¡Tráemelo y le enseñaré a leer![14] Y José tomó al niño Jesús

---

[13] La cruz.

[14] El texto dice literalmente "le enseñaré las letras". Recordemos el giro español "maestro de primeras letras".

y lo llevó a la casa [de cierto maestro] donde también recibían enseñanza otros niños. Pero el maestro comenzó a enseñarle las letras con lenguaje dulce y escribió para él la primera línea, que va de la A a la T,[15] y empezó a halagarlo y a enseñarle [y le ordenó que dijera las letras][16] pero el niño seguía en paz.[17]

6. Entonces el maestro golpeó al niño en la cabeza y cuando el niño recibió el golpe, le dijo: —Tengo que enseñarte yo a ti y no tú a mí. Conozco las letras que me deberías enseñar y sé que son para mí como receptáculos de los que no sale nada sino sonidos, no sabiduría ni la salvación del alma. Y, comenzando la línea, dijo todas las letras, de la A a la T, plenamente, con rapidez y vio al maestro y dijo: —Pero tú, que no sabes cómo interpretar ni la A ni la B,[18] ¿cómo podrías enseñar a los demás? ¡Hipócrita! Si supieras y pudieras decirme algo respecto a la A, entonces te diría yo [muchas cosas] respecto a la B. Pero cuando el maestro comenzó a hacer una exposición acerca de la primera letra, no le pudo dar ni una sola respuesta.

---

[15] La A (*álef*) y la T *(tav)* son, respectivamente, la primera y la última letras del sistema de escritura hebreo.

[16] El texto siriaco dice así.

[17] Esto es, pareció no haberlo oído.

[18] Las dos primeras letras, la *álef* y la *bet*.

7. Entonces Jesús dijo a Zaqueo: —¡Óyeme, oh maestro! Y entiende la primera letra. ¡Préstame oído! [Para que comprendas] cómo tiene dos líneas...[19]

8. Ahora bien, cuando Zaqueo vio que dividía de esta manera la primera letra, se confundió con tales nombres y con su enseñanza y gritó y dijo: —¡Ay de mí! Porque estoy confundido: me he acarreado vergüenza a través de este niño. Y dijo a José: — Te ruego honestamente, hermano mío: ¡apártalo lejos de mí! Porque no puedo verlo a la cara ni oír sus potentes palabras. Porque este niño puede sojuzgar el fuego y dominar el mar, porque nació antes de los mundos. No sé qué vientre lo portó ni qué clase de madre lo dio a luz.

10. ¡Oh, amigos míos! Estoy confuso en mis pensamientos, he sido escarnecido, ¡pobre hombre que soy! Dije que tenía un discípulo, pero se descubrió que él es mi maestro. No puedo domeñar mi vergüenza, porque soy viejo y no sé dónde encontrar qué respuesta darle, de modo que estoy a punto de caer gravemente enfermo y salir de este mundo y partir de esta ciudad, puesto que todos los hombres han contemplado mi vergüenza: que un niño me encerró en una trampa. ¿Qué podré contestar a cualquiera o qué palabras podré pronunciar, si él me ha hecho fallar desde la primera letra? Estoy confundido, ¡oh amigos y conocidos! Y no sé cómo empezar o terminar de hablar con él.

---

[19] Siguen algunas líneas ininteligibles, que tal vez tengan relación con la forma de la letra hebrea. Véase el pasaje correspondiente de la versión griega.

11. Y ahora te suplico, hermano José, que me lo quites de enfrente y te lo lleves a tu casa porque es un hechicero o un dios (Señor) o un ángel y no sé qué decir.

12. Y Jesús se volvió hacia los judíos que estaban con Zaqueo y les dijo: —Ahora, quienes ven no verán y los que entienden no entenderán y que oigan los sordos y que, gracias a mí, resuciten quienes hayan muerto, y llamaré a los que están arriba, en lo alto, a lo que está todavía más alto, precisamente tal como me ha ordenado el que me envió. Y cuando el niño Jesús dejó de hablar, sanaron todos los afligidos, todos los afligidos sanaron ante su palabra. Y no se atrevieron a hablarle.

VII. Cómo resucitó Jesús a un niño

1. Y un día, cuando Jesús subía a una casa con los niños, empezó a jugar con ellos, pero uno de los niños cayó a través de la puerta desde el cuarto superior y murió instantáneamente. Y cuando lo vieron los niños, huyeron todos, y Jesús se quedó solo en la casa.

2. Y cuando los padres del niño que había muerto llegaron, hablaron contra Jesús, diciendo: —Sin duda, tú hiciste que se cayera. Pero Jesús dijo: —Jamás lo hice caer. Sin embargo, lo inculpaban. Entonces, Jesús bajó de la casa y se detuvo al lado del niño muerto y gritó con alta voz, llamándolo por su nombre: —¡Zenón, Zenón, levántate y di si te hice caer! Y de repente él [Zenón] se levantó y dijo: —Así es, señor. Y cuando los padres vieron este gran milagro que había hecho Jesús, glorificaron a dios y adoraron a Jesús.

VIII. Cómo curó Jesús el pie de un muchacho

1. Y después de unos cuantos días cierto muchacho de esa aldea estaba cortando leños y se hirió el pie.

2. Y cuando llegó mucha gente a él, Jesús llegó también. Y tocó el pie herido y de inmediato sanó. Y Jesús le dijo: —¡Levántate, corta leños y recuérdame! Pero cuando la multitud que estaba con él vio los signos que se hacían, adoró a Jesús y decía: —¡En verdad, creemos firmemente que eres dios!

IX. Cómo Jesús transportó agua en su túnica

1. Y cuando Jesús tenía seis años de edad, lo envió su madre a traer agua. Y cuando llegó Jesús al pozo, había allí mucha gente y le rompieron el cántaro.

2. Pero tomó la túnica que llevaba puesta y la llenó de agua y se la llevó a María, su madre. Y cuando su madre vio el milagro que Jesús había hecho, lo besó y le dijo: —¡Señor! Óyeme y salva a mi hijo.

X. Cómo Jesús sembró trigo

1. Y era tiempo de siembra. José salió a sembrar grano y Jesús lo siguió. Y cuando José comenzó a sembrar, Jesús extendió la mano y tomó tanto grano como podía caber en la mano y lo diseminó.

2. José, más tarde, en el tiempo de la cosecha fue a recoger lo que había sembrado. Y Jesús fue también y

recogió las espigas que había sembrado y produjeron cien medidas de buen grano. Y llamó a los pobres y a las viudas y huérfanos y les dio el grano que había logrado, excepto el poco trigo que José llevó consigo a su casa para que [Jesús] lo bendijera.

XI. Cómo Jesús hizo que una viga corta midiera lo mismo que una larga

1. Y Jesús llegó a cumplir los ocho años de edad. Y José era constructor y fabricaba arados y yugos para bueyes. Y un día cierto hombre rico dijo a José: —Señor, hazme una cama útil y hermosa. Pero José tenía dificultades porque la viga que había preparado para el trabajo quedaba corta.

2. Jesús le dijo: —No te preocupes, toma esta viga por uno de los extremos y yo la tomaré por el otro y tiremos de ella. Y sucedió que de inmediato José descubrió que era útil para lo que deseaba. Y dijo a José: —¡Mira! Confórmala como quieras. Pero José, al ver lo que había hecho lo abrazó y le dijo: —¡Bendito sea yo porque dios me ha dado tal hijo!

XII. Cómo Jesús fue entregado para que aprendiera a leer

1. Y cuando José vio que tenía un favor tan grande y que aumentaba de estatura, pensó en entregarlo para que aprendiera a leer. Y lo confió a otro doctor, para que le enseñara. Y ese doctor dijo a José: —¿Qué tipo de letras quieres que enseñe a este niño? José contestó y dijo: —Enséñale primero las letras de los gentiles y después

las del hebreo.[20] Ahora bien, el doctor sabía que tenía una excelente inteligencia y lo recibió con alegría. Y una vez que le hubo escrito la primera línea, es decir, la A y la B, le estuvo impartiendo enseñanza por espacio de algunas horas; pero Jesús se comportaba con tranquilidad y no contestaba nada.

2. Finalmente, Jesús dijo al maestro: —Si verdaderamente eres maestro y sabes en realidad las letras, explícame el poder de la A y yo te diré el poder de la B.[21] Entonces el maestro se llenó de indignación y le golpeó la cabeza. Pero Jesús se irritó y lo maldijo y [el maestro] cayó de pronto [al suelo] y murió.

3. Y Jesús regresó a su casa. Y José pidió a María, su madre, que no lo dejara salir del patio de la casa.

XIII. Cómo fue llevado con otro maestro

1. Después de muchos días llegó otro doctor, amigo de José, y le dijo: —Entrégamelo y le enseñaré las letras de manera muy suave. Y José le dijo: —Si eres capaz, tómalo y enséñale, y que se haga con suavidad. Y cuando el doctor recibió a Jesús, él fue con miedo y gran atrevimiento y lo tomó con alegría.

---

[20] Si tomamos literalmente el sentido de este párrafo, sería de suponer que en la enseñanza judía de aquellos días se impartían por igual clases de hebreo y de griego y latín, es decir, la lengua sagrada del pueblo de Israel y los dos principales idiomas de la gentilidad.

[21] Los "poderes" de las letras del alefato hebreo son materia fundamental de la cábala en el sentido clásico.

2. Y cuando hubo llegado a casa del doctor, encontró un libro en ese lugar y lo tomó y lo abrió y no leyó aquellas cosas que allí estaban escritas, sino que abrió la boca y habló por el Espíritu Santo y enseñó la ley;[22] y todos los que estaban allí escuchaban atentamente, y el maestro se sentó a su lado y lo escuchaba con alegría y le rogaba que continuara enseñando. Y mucha gente se juntó y oía toda la doctrina santa que enseñaba y las amadas palabras que provenían de su boca, maravillándose de que, siendo tan pequeño, dijera tales cosas.

3. Pero cuando José oyó, se amedrentó y corrió hasta donde estaba Jesús y el maestro le dijo a José: —Sabe, hermano, que recibí a tu hijo para enseñarle e instruirlo, pero está lleno de una gran gracia y sabiduría. Por consiguiente, mira, llévatelo a tu casa con alegría porque la gracia que tiene se la ha dado el Señor.

4. Y cuando Jesús oyó que el maestro decía esto, se alegró y dijo: —¡Oh, bien has dicho, maestro! Por ti volverá a la vida quien había muerto. Y José se lo llevó consigo a su casa.

XIV. Cómo Jesús sanó a Santiago de la mordedura de una serpiente

José envió a Santiago a recoger paja y Jesús lo siguió. Y mientras Santiago estaba recogiendo paja, lo mordió una serpiente y cayó por tierra, como muerto, debido al veneno. Pero cuando Jesús vio esto, sopló en su herida

---

[22] Sería muy interesante saber a qué ley alude el autor: ¿la nueva ley del evangelio o las prescripciones de la Toráh hebrea?

e inmediatamente Santiago quedó sano y la serpiente murió.

XV. Cómo Jesús resucitó a un muchacho

1. Después de unos días, murió un muchacho que era su vecino y su madre lo lamentó amargamente y cuando Jesús lo oyó, fue [allá] y se puso de pie al lado del muchacho y le golpeó el pecho y dijo: —¡Muchacho! Te digo que no mueras, sino que vivas. Y de inmediato se levantó el muchacho y Jesús dijo a la madre del muchacho: —Llévate a tu hijo y amamántalo y recuérdame.

2. Pero las multitudes, al ver el milagro, decían: —En verdad, este muchacho viene del cielo, porque ahora ha liberado de la muerte a muchas almas y ha salvado a todos los que esperaban en él.

3.[23] Los escribas y los fariseos dijeron a María: —¿Eres la madre de este muchacho? Y María dijo: —En verdad, lo soy. Y le dijeron: —Bendita eres entre las mujeres, porque dios ha bendecido al fruto de tu vientre al haberte dado un hijo tan glorioso: porque nunca hemos visto ni oído [hablar de] tan grandes dones de sabiduría.

4. Y Jesús se levantó y siguió a su madre. Pero María guardaba en su corazón todos los grandes signos que Jesús hacía entre la gente, al curar a muchos que estaban enfermos.

---

[23] James advierte que en este lugar todos los manuscritos latinos presentan un vacío, que se llena habitualmente con el texto griego A, capítulo 19, 1-3.

Y Jesús crecía en estatura y sabiduría y todos los que lo veían glorificaban a dios Padre Todopoderoso, que sea bendito por los siglos de los siglos. Amén.

Todas estas cosas yo, Tomás el israelita (ismaelita), he escrito y registrado para los gentiles y para nuestros hermanos y *de la misma manera* muchas otras cosas que Jesús hizo, [él] que había nacido en tierra de Judá. Mirad, la casa de Israel las ha visto desde la primera hasta la última, incluso aquellos grandes signos y prodigios que Jesús hizo entre ellos y que fueron excesivamente buenos. Y éste es el que ha de juzgar al mundo de acuerdo con la voluntad de su Padre, inmortal e invisible,[24] tal como las Sagradas Escrituras lo declaran y tal como los profetas lo han testificado en sus obras entre todos los pueblos de Israel: porque él es el Hijo de dios en todo el mundo. Y a él le pertenecen toda la gloria y el honor por todos los siglos, [él] que vive y reina siendo dios por los siglos de los siglos. Amén.

---

[24] James observa que este pasaje está corrompido y que él le hizo correcciones para hacerlo inteligible.

El evangelio de Tomás

Encontrado en Nag Hamadí

(Para hacer más accesible este importantísimo texto, que contiene no pocas oscuridades, acudiré a varias versiones autorizadas. No sólo emplearé la de Jean Doresse [1989], la de Koester y Lambdin (en Robinson, 1990) y la de Aurelio de Santos (1996), sino otras más que he recibido a través de Internet y que se hallan registradas en el aparato bibliográfico. Por mi parte, he hecho algunas apostillas de carácter fundamentalmente aclaratorio.) En las ediciones actuales, por consenso de los estudiosos, el número de enunciados del *Evangelio de Tomás* es de 114. Doresse, sin embargo, cuenta 118. Cito la discrepancia porque acudiré a menudo a la versión de este eminente coptólogo francés, que une a su competencia en el campo de su especialidad el haber estado en contacto con los textos de Nag Hamadí antes que cualquier otro científico que se haya ocupado posteriormente de ellos. Fruto de esa familiaridad es su libro pionero *Les livres secrets des gnostiques d'Égypte*.

Estas son las palabras ocultas de Jesús el Viviente, que escribió Dídimo Judas Tomás.[1]

1\. Y dijo: —Quienquiera que descubra el sentido de estas palabras no conocerá la muerte.[2]

2\. Jesús dijo: —Que el que busca, busque hasta encontrar.[3] [Mas] lo que encuentre le provocará dolor.[4] Y

---

[1] "Palabras ocultas" se emplea, en este contexto, para designar las enseñanzas que sólo es dado comprender a los iniciados. Hay aquí una especie de juego de palabras, pues Dídimo (griego) y Tomás (arameo) significan gemelo. Aunque puede tratarse también de un intento de ser entendido por gente de ambas hablas: los griegos por la busca de universalidad que caracterizaba a la predicación, y los hebreos (que, para entonces, hablaban arameo), por ser los creadores del mundo religioso en que nació el cristianismo y con el afán de convencerlos de la nueva fe.

[2] Cf. Oxirrinco 654.

[3] Cf. Mat., 7, 8 y Luc. 11, 9-10. Sin embargo, el texto de Tomás culmina en algo difícil de comprender: "Mas lo que encuentre, le provocará dolor". Para Doresse el pasaje significa que lo que encuentre lo conmoverá. Entre los gnósticos (y nadie duda de que el texto que estudiamos pertenezca a esta filiación religioso-filosófica), hay obligación de practicar abstenciones con el fin de advenir al conocimiento y comprensión de los misterios. Una vez que se ha llegado a ellos, todas las privaciones se olvidan ante la suprema realidad espiritual que se estará gozando. Clemente de Alejandría menciona una oración semejante (*Estroma* v, 14. 87): "¡Que no deje de buscar hasta encontrar, y una vez que haya encontrado, se asombrará, y cuando se asombre, reinará, y una vez que reine, descansará!". Por ende, parece que el sentido del texto es que el dolor es sólo un vehículo para entrar en los grandes misterios, en cuyo seno se encuentra la beatitud y el poder.

[4] Doresse (1989) traduce así: "... cuando lo encuentre, se emocionará, y cuando se emocione, contemplará y reinará sobre el universo".

lo que le provoca dolor, lo desconcertará, y quien esté desconcertado, gobernará a todos.

3. Jesús dijo: —Si sus guías dicen: "Miren, el Reino está en los cielos", entonces las aves estarán frente a vosotros.[5] Si dicen: "Está en el océano", los peces estarán frente a vosotros. Pero el Reino está dentro de vosotros y fuera de vosotros.[6] Cuando os conozcáis, conoceréis que sois la carne del padre viviente.[7] Pero si no os conocéis, vivís en la indigencia y sois indigencia.

4. Jesús dijo: —El viejo no vacila en preguntar a un niño el sentido de la vida y [así] vivirá. Porque muchos

---

[5] Doresse, l. c., traduce esta expresión por "veréis".

[6] Creo que la siguiente interpretación de este pasaje es correcta: el Reino de los cielos se encuentra tanto adentro como afuera, es decir, así como el esplendor de lo creado da indicios de la grandeza y munificencia de dios, sólo se puede decir que el hombre (o, en su caso, el iniciado) ha entrado en posesión de tan codiciado dominio cuando ha logrado dominar sus pasiones. El Reino interior, al que nos tienen acostumbrados los místicos de todas las lenguas y latitudes, es superior al físico, aunque está en estrecha vecindad y correspondencia con él. Pero este Reino interior, que en muchos místicos es la aprehensión de dios y el goce del alma en su posibilidad de vivenciarlo, en el universo gnóstico se da porque el adepto a este saber ha llegado a poseer el conocimiento (la γνῶσις), la gnosis iniciática, única fuente de la fruición de lo divino y, sobre todo, del poder sobre los hombres y el mundo objetivo.

[7] ¿Sería correcto interpretar este pasaje diciendo que el hombre, ser bajo a pesar de su perfectibilidad, apenas apunta hacia la perfección divina? ¿El hombre, trasunto de lo divino, hijo del demiurgo, dios subalterno que tiene contacto con la carencia que es espejo de lo no divino, muestra, por ser carne, y a manera de símil, su alejamiento insalvable de dios?

que están primero, quedarán últimos y serán uno y el mismo.[8]

5. Jesús dijo: —Comprended lo que véis con nitidez y os quedará nítido [también] lo que está escondido. Nada que esté escondido dejará de conocerse.[9]

6. Sus discípulos preguntaron: —¿Debemos ayunar? ¿Cómo debemos rezar? ¿Debemos dar limosna?[10] ¿Qué debemos comer?

Jesús dijo: —No digáis mentiras y no hagáis lo que despreciáis, porque todo se sabe en el cielo. Nada que esté escondido dejará de ser conocido y nada enterrado seguirá estándolo, sin salir a la luz.[11]

---

[8] Cito ahora, por considerarlo indispensable, la versión de Doresse (1989), que se aparta notablemente de las demás: Jesús dijo: "¡Que el viejo cargado de días no tarde en interrogar al niño pequeño de siete días sobre el Lugar de la Vida, y vivirá! ¡Porque resulta que los primeros van a ser los últimos y se convertirán en uno (solo)!" Aparte de la similitud, que para Doresse es plena correspondencia con Oxirrinco 654 (III), la mención del Lugar de la Vida es una alusión al Reino de los cielos, donde ya nadie morirá, puesto que sólo estarán en él precisamente los resurrectos.

[9] Doresse (1989) cita un sudario hallado en Oxirrinco, cuyas palabras tienen resonancias apocalípticas: 5. Jesús dijo: —No hay nada enterrado que no haya de ser resucitado. Los parentescos evangélicos están, por lo demás, a la mano.

[10] Literalmente, la versión que sigo, dice: "¿Debemos dar a los pobres?"

[11] Por ende, el acto ético debe ser irreprochable siempre, para que nuestras imperfecciones y mezquindades, en especial las solapadas, no queden finalmente a la luz.

7. Jesús dijo: —¡Bendito sea el león que, cuando es comido por los hombres, se convierte en hombre! ¡Maldito el hombre que, al ser comido por el león, se transforma en león![12]

8. Y dijo: —Un pescador prudente lanzó su red al mar y capturó muchos pescadillos. Entre ellos, el pescador descubrió un magnífico pescado grande. Entonces, tiró a todos los pescadillos nuevamente en el mar y decidió guardar al pescado de gran tamaño. Que quienquiera que tenga orejas para oír, que oiga.[13]

---

[12] Hermosa manera de sugerir que debemos adquirir y hacer nuestra la mansedumbre y rechazar cualquier forma de violencia. Hasta los animales más fieros son susceptibles de doma, pero el hombre es proclive a empeorar moralmente. Sin embargo, ante la anfibología del texto, los especialistas han buscado otras soluciones. Daniélou, por ejemplo, hace una cita del célebre manualillo de zoología fantasiosa, que hizo las delicias de Borges, el *Physiologus* medieval, que dice a la letra: "De este modo nuestro Salvador, el león espiritual, enviado por el Padre eterno, ha ocultado su divinidad. Se ha hecho ángel con los ángeles, trono con los tronos ¡hombre con los hombres!" No es raro, por lo demás, que se establezca la comparación entre un héroe espiritual o cultural y el rey de la selva. La literatura sánscrita hierve de casos en que al hombre de excepción se le llama *narasimha*, hombre-león. En un entorno geográficamente cercano al del Evangelio de Tomás, en Etiopía, el depuesto Haile Selasie se hacía llamar "león de Judá", reivindicando para sí un título de gran importancia en la tradición. Pero no se detienen aquí las interpretaciones. De Santos (1996, 690) encuentra en este enunciado una postulación valentiniana, ya que indica el paso de la muerte, que es ignorancia, a la vida, que es conocimiento (gnosis) o, dicho de otra manera, la transición de lo femenino a lo masculino.

[13] Cf. Mat. 13, 47-50. La fórmula veterotestamentaria del final "¡Que quienquiera que tenga orejas para oír, que oiga!", indica aquí, al parecer, que sólo pueden comprender el sentido profundo de estas palabras quienes han sido educados en las prácticas iniciáticas.

9. Jesús dijo: —Un sembrador salió y esparció un puñado de semillas. Algunas cayeron en la carretera, donde llegaron los pájaros y se las comieron. Otras cayeron sobre piedras y no produjeron fruto alguno. Y otras más cayeron en medio de hierbajos y fueron asfixiadas y comidas por gusanos. Otras más cayeron en buen suelo y produjeron buenos frutos. Produjo(eron) de sesenta a ciento veinte medidas por cada parcela.[14]

10. Jesús dijo: —¡He incendiado este mundo y pretendo cuidarlo, hasta que haga llama![15]

11. Jesús dijo: —Este paraíso pasará y el paraíso que está más allá, también pasará. Los muertos no viven y los vivientes no morirán. Cuando coméis algo muerto, lo convertís en algo viviente. Cuando estéis en la luz ¿qué

---

[14] Doresse (1989, 157) cita una tesis fascinante de los priscilianistas, que aparece consignada en Orosio (*Sobre los errores de los priscilianistas y los origenianos*): en su libro *Memorias de los apóstoles* sostenían que el sembrador no era competente, pues de serlo no habría dejado que algunos granos cayeran fuera del terreno propicio. Por ende, ese sembrador es una imagen del demiurgo, esa especie de subdios al que ellos atribuían la creación del mundo y los hombres, tan lejanos uno como los otros de la perfección divina.

[15] Jesús no vino sólo a traer concordia; también a provocar disensiones, discordias, luchas y separaciones violentas. Los pasajes paralelos en los Evangelios canónicos son Mat. 10, 34-36 y Luc. 12, 51-53. Para los sectarios setianos, esto aludía al análisis (disolución o separación de elementos) a que están sometidos los cuerpos compuestos que, después de la muerte, se disocian y el ser que vivía gracias a su composición y unión perece.

haréis? El día en que erais uno os convertisteis en dos y cuando estéis convertidos en dos ¿qué haréis?[16]

12. Los discípulos dijeron a Jesús: —Sabemos que nos has de dejar. ¿Quién nos guiará entonces? Y Jesús les contestó: —Dondequiera que estéis, os encaminaréis a Santiago el Justo, por quien fueron creados el cielo y la tierra.[17]

13. Jesús dijo a sus discípulos: —Comparadme con alguien y decidme a quién me parezco.

---

[16] Entreveo aquí una alusión velada al continuo mal avenimiento del cuerpo y el alma, que, a su vez, representan lo transitorio y lo imperecedero, el mal y el bien, en una palabra, los dos fuerzas constantemente antagónicas que se disputan el gobierno del mundo. Y esta dualidad básica produce, en el terreno teológico, la coexistencia del demiurgo, dios inferior y de obras deficientes, y el dios verdadero, que mora en los cielos, rodeado de innegables esplendores. Esta oposición de dos factores, forma de mazdeísmo disimulada por la diferencia jerárquica, es una de las principales características de las diferentes sectas gnósticas. Los naasenos, por su parte, sostenían que el hombre primordial, celeste, es estéril y lo es por carnal y por cumplir los deseos de la carne. Los frutos verdaderos, por lo demás, son la razón, la inteligencia, los propios hombres. La separación de la unidad en dos alude, entre tantas otras cosas, a la división actual de los sexos, acaso entendida como un descenso respecto a la autosuficiencia supuestamente implícita en la bisexualidad y nos hace evocar a aquel ser primitivo de Platón, pleno de sí mismo en su hermafroditismo.

[17] Santiago fue el primer obispo de Jerusalén y para algunos era hermano verdadero, no metafórico de Jesús. Cristo (esto lo menciona Clemente en las *Hipotiposis*) se le aparece ya resucitado y, según los gnósticos, en esa ocasión le trasmite la gnosis. Los naasenos pretendían conservar en su pureza la doctrina emanada de Santiago. En un apócrifo, el *Evangelio según los egipcios*, se equipara a Santiago con las potencias sobrenaturales. De Santos acude a Hegesipo (trasmitido por Eusebio) y a Hipólito. Ambas fuentes elogian el ascetismo de Santiago.

Simón Pedro dijo: —Eres como un ángel de justicia.

Mateo le dijo: —Eres como un filósofo sabio.

Tom[ás] le dijo: —Maestro, mi boca es totalmente incapaz de decir a qué te pareces.[18]

Jesús dijo: —No soy tu maestro. Porque has bebido del manantial que borbota, que he medido para ti, y te has embriagado. Y se llevó aparte a Tomás y le dijo tres cosas. Cuando regresó a sus amigos, preguntaron éstos: —¿Qué dijo Jesús?[19]

---

[18] Dios es, por definición, *otro* respecto al hombre, por ello no hay palabras que puedan describirlo. Por eso, un poco más adelante, Tomás dice que si revelara algo que supo, sería lapidado, aunque más tarde surgiera un fuego que calcinaría a quienes lo atacaron, lo cual indica que han cometido una especie de sacrilegio. Por una parte, Santiago está en posesión de verdades de índole superior, iniciático; por la otra, al revelarlas, tiende una especie de tentación a los hombres que no se resignan a la ignorancia. La gnosis como salvación parece afirmarse en este pasaje, aunque sea a trasmano.

[19] En este pasaje se ha de ver, creo, el proceso de la iniciación: Jesús llama en un aparte a Tomás y éste, tras haber oído tres cosas de boca del maestro, contesta a sus compañeros que el simple enunciado de sus conocimientos podría aniquilarlos. En general, puede pensarse que amén de las cuestiones rituales y los conceptos cosmogónicos y éticos que suelen estar unidos a estas agrupaciones y que les confieren precisamente su carácter distintivo, el supremo saber que tienen los guías espirituales es el conocimiento del más allá, el dominio de la muerte a través de una información acerca de su sentido. Los guías y maestros espirituales que conducen a las almas en la ultratumba son mistagogos y psicopompos: conductores de adeptos y chambelanes anímicos. Por lo demás, la actividad de vidente, de mediador entre los dos mundos, instila en el hombre la apetencia de la muerte. La sibila contestaba a quienes se atrevían a inquirir por lo que deseaba:

Tomás dijo: —Si os revelo una sola cosa de las que dijo, me lapidaríais. Tomaríais aquellas piedras y [entonces] brotaría un incendio y os consumiría.[20]

14. Jesús les dijo: —Si ayunáis, os asaltará el mal; si rezáis, seréis condenados, y si hacéis limosna, os entristeceréis. Cuando viajéis a otros países, caminad por la tierra [y] si se os invitare a comer, comed lo que os ofrezcan y curad a los enfermos que haya entre ellos. Porque lo que entra por vuestra boca no os mancha; lo que sale de vuestra boca es lo que os mancha.[21]

---

apothanein thelo, deseo morir, vencido ya el pavor que da la muerte. Y supongo que Jesús, al decir al principio del enunciado que no es maestro de Tomás, lo está equiparando a sí mismo, si es que se puede aceptar la suposición de que el evangelista, compañero y quizás hermano gemelo suyo, ha superado las pruebas de la iniciación.

[20] Quien tiene la misión de difundir una doctrina, en especial una enseñanza salvadora de índole mistérica, debe padecer la incomprensión de los hombres, puesto que provoca en ellos malos entendimientos, envidias y burlas. Sin embargo, ¡ay de aquellos que se mofen e incurran en el pecado que los evangelios llaman escándalo, pues a la postre padecerán indecibles castigos y quedarán privados para siempre de las únicas recompensas duraderas, las que superan a la muerte!

[21] La humildad que recomienda Jesús a sus discípulos los obliga a comer lo que les ofrezcan en el curso de su tarea catequizadora. Pero, por la otra parte, deben tener cuidado de lo que dicen y lo que enseñan, porque la blasfemia, el error, la maledicencia y otros lapsos provienen del empleo irreflexivo del don del habla. Esto recuerda también la fórmula evangélica de la prudencia, la mesura en el hablar y la eficiencia en el hacer.

15. Jesús dijo: —Cuando veáis al Uno, que no nació de mujer, inclinad vuestros rostros y adoradlo. ¡Ése es vuestro Padre![22]

16. Jesús dijo: —Se piensa que he venido a dar paz al mundo. No saben... que es revolución lo que siembro en la tierra: fuego, espada y guerra. Porque habrá una casa con cinco adentro y tres [de ellos] lucharán contra los [otros] dos y [estos] dos contra [aquel]los tres: el padre contra el hijo y el hijo contra el padre. Y estarán, como una casa dividida.

17. Jesús dijo: —Lo que no ha visto ojo alguno y que no ha oído ninguna oreja y lo que no ha tocado mano alguna y lo que jamás se ha pensado, eso es lo que os daré.

18. Los discípulos dijeron a Jesús: —Dinos cómo hemos de terminar [morir]. Jesús dijo: —Si encontráis el

---

[22] La misoginia de quien escribió este documento y sus secuaces se pone aquí, como en otros lugares, de manifiesto. Todo lo que tenga relación con la mujer algo tiene de inferior, de pecaminoso. Por ende, el Padre, que es el guía espiritual, el conductor de almas, no debe estar contaminado por un origen femenino, sino que ha de proceder de algo que se podría designar como partenogénesis masculina, por insólita que parezca. Pero además, creo percibir claramente un ataque frontal a los adeptos de María y al concepto mismo de que una mujer, por extraordinaria que haya sido, pueda llevar en su seno a la divinidad. Por ende, la *theotokos,* la madre de dios, no es siquiera, como entre otros sectarios, una *jristotokos* o paridora de Cristo y queda despojada de cualquier vínculo con el mundo de lo sagrado y hasta con lo humano válido, pues no es, siquiera, *anthropotokos,* madre de hombres.

principio, buscad el final. Porque allí donde está el principio, está también el final. Bienaventurado quien comienza por el principio: conocerá el final, pero no conocerá la muerte.[23]

19. Jesús dijo: —Bienaventurado el que llegó a ser antes de ser. Si me seguís y escucháis mis palabras, estas piedras os enseñarán y consolarán. En el paraíso hay cinco árboles que no han cambiado con las estaciones y cuyas hojas no caen. Quienquiera que los conozca, no morirá.[24]

---

[23] Un texto paralelo y de filiación similar, el *Evangelio de la verdad* dice: "En efecto, el Padre conoce el principio y el fin de todos..." Ahora bien, el fin consiste en escudriñar lo que está oculto. Y esto es el Padre, de quien ha salido el comienzo. Aparte de esto, aunque parezca una contradicción decir que quien conozca el final no conocerá la muerte, se trata sólo de una afirmación de que la muerte, entendida como la extinción definitiva o, en su caso, la caída en el Reino del castigo, no sobrevendrá a aquel que haya seguido las enseñanzas contenidas en los escritos de la secta.

[24] Pocas nociones más sorprendentes para un judío y un cristiano educados sencillamente en sus respectivas tradiciones, que esta afirmación de que hay cinco árboles en el paraíso, aunque sólo se afirmara que son plantas perennes, resistentes al mal tiempo, que no es el caso. Por una parte, esta propuesta poética, tal la considero ahora, se encuentra en varios escritos gnósticos al lado de otras, igualmente sugerentes. Marcha, además, en surcos paralelos con el encomio de la fertilidad, de la exuberancia en general, que ha de caracterizar a la literatura árabe, en cuyos textos místicos y escatológicos se introduce: por ejemplo, en el *Libro del árbol de la certeza*, de Abul Hasán al-Asharí, el arcángel Israfil pide a dios un poder inconmensurable y obtiene, entre otros dones, mil millares de lenguas que alaban a dios [...] con cada lengua habla mil millares de idiomas [...] (De la Peña, 1997, 222). Y hago esta cita, excéntrica, para no incidir de nuevo en el paralelismo bíblico. Doresse, particularmente informado y lúcido en este punto, nos da preciosos informes: dice que la

20. Los discípulos dijeron a Jesús: —¡Háblanos del Reino de los Cielos! Y él les dijo: —Es como una semilla de mostaza, la más pequeña de todas las semillas. Pero, cuando cae sobre suelo fértil, crece hasta llegar a ser una gran planta y se convierte en refugio [o el medio de vivir de] para los pájaros del cielo.[25]

---

imaginación gnóstica pensó en los árboles del paraíso como divididos en dos banderías, una buena y otra mala, una luminosa, la otra llena de tiniebla. En los escritos setianos, es decir de la secta de los adeptos de Set, la deidad egipcia, aunque vista por ojos muy tardíos, se alude con frecuencia a los cinco árboles de la luz y las supuestas revelaciones de Jesús a sus discípulos en el tratado gnóstico llamado *Pistis-Sofía* (*Fe-Sabiduría*), y en los Libros del tratado según el misterio se mencionan los cinco árboles que forman parte de las grandes potencias celestes. Afirma el propio erudito que, a su entender, estas plantas son como emanaciones abstractas del árbol de la vida que están vinculadas con los sacramentos que han de recibir los perfectos. Reaparece este tema de los cinco árboles en otra obra del ciclo tomasino, los *Hechos de Tomás*, donde se los identifica con cinco potencias: espíritu, pensamiento, reflexión, intelecto y razón. Doresse cita un extraño libro maniqueo encontrado en el Asia central, en que un enviado de la luz benéfica planta los árboles: "Él los plantó en las tierras de la naturaleza primitiva; los regó [...] con el agua de la ambrosía y ellos produjeron frutos que dan la inmortalidad [...]" Son, respectivamente, el pensamiento, cuya raíz es la piedad, el tronco la alegría, las ramas la felicidad y los frutos la tranquilidad total; el segundo es el sentimiento; el tercero, la reflexión, con ramas de mandamientos respetables y cuyas hojas son la verdad; el cuarto es el intelecto, cuya raíz es la resistencia a las injurias, las ramas la paciencia y los frutos el ayuno y los himnos y, finalmente, el quinto es el razonamiento, con raíces de sabiduría, tronco de inteligencia y comprensión de los dos principios (la luz y las tinieblas) y con ramas que confieren habilidad para disertar acerca de la ley (Doresse, 1989, 169).

[25] Los paralelos bíblicos son Mat., 13, 31 y s., Marc., 4, 30-32 y Luc. 13, 18 y s. Doresse señala una explicación que los naasenos daban a este pasaje (que aparece citada en los *Philosophoúmena*): "El Espíritu está

21. María dijo a Jesús: ¿A quién se parecen tus discípulos? Jesús dijo: —Son como niños que están en un lugar que no les pertenece.[26] Cuando regresen los dueños de ese lugar, [les] dirán: "¡Devolvednos nuestro terreno!" [Y] se despojarán de sus ropas en presencia de ellos para devolverles su terreno. Por eso os digo que si el dueño de una casa sabe que viene un ladrón, esperará

---

donde se encuentran el Padre y el Hijo engendrado de ese Padre. Es el ser de múltiples nombres al que tienden, cada una a su manera, todas las otras naturalezas. Es [...] el Verbo de dios, es decir, el 'verbo de la explicación del Gran Poder'". También permanecerá sellado, oculto, envuelto en el fondo del receptáculo donde, como fundamento, está plantada la raíz de todas las cosas, de los eones, de las potencias, de los pensamientos, de los dioses y de los ángeles, de los mensajeros espirituales, de lo que existe y de lo que no existe [...] de los años, de los meses, de los días, de las horas, del punto indivisible del que brota el ser más pequeño para crecer parte por parte: este punto, que no es nada, que no está compuesto de nada porque no tiene partes, se convertirá, por sus propios medios, en una grandeza inabarcable. Este punto es el Reino de los Cielos, el grano de mostaza, el punto indivisible que existe en el cuerpo, punto que sólo conocen los espirituales. En este párrafo se puede distinguir agudamente el lenguaje llano, pastoril, de Jesús en los evangelios canónicos, y el lenguaje cifrado, lleno de alusiones y trampas, que emplean los adeptos de una secta que tiene, como todas, su vocabulario propio y sus acepciones específicas, encubiertas bajo el ropaje de las palabras comunes.

[26] Koester-Lambdin (en Robinson, 1990, 129) traduce *que se han asentado en un campo que no les pertenece*; De Santos (1996, 693) *que se han acomodado en una parcela ajena*. Pero es todavía más interesante que esta discrepancia, menor al fin, la observación De Santos acerca de la mujer, cuyo nombre es Mariham en el original, pues concluye, quizás por ser católico, que indudablemente se trata de María Magdalena, y apoya su tesis con referencias al *logion* 114, a las sentencias 32 y 35 del *Evangelio de Felipe*, hallado también en Nag Hamadí y al *Evangelio de María Magdalena*.

hasta que llegue y no le dejará que entre por la fuerza en la casa y le robe sus pertenencias. Deberéis estar alerta contra el mundo: defendeos siendo fuertes, no sea que lleguen los ladrones hasta vosotros, pues [entonces] ha de suceder lo que esperáis [teméis]. Tened entre vosotros a uno que sepa. Una vez que esté lista la cosecha vendrá rápidamente, con la hoz en la mano, y levantará la cosecha. Quienquiera que tenga orejas, que oiga.

22. Jesús vio a algunos niños que mamaban el seno materno y dijo a quienes lo seguían: —Estos niños que están siendo amamantados son como los que entrarán en el Reino.[27]

Y le preguntaron: —¿Entraremos nosotros en el Reino como [si fuésemos] niños?

Y Jesús les contest(ó): —Cuando hagáis que dos sea uno y logréis que lo de afuera sea lo de adentro y que lo que está arriba sea como lo que está abajo, y cuando logréis que el macho y la hembra se conviertan en uno y lo mismo, de modo que el hombre ya no sea hombre y la mujer deje de ser mujer, y cuando hagáis ojos que substituyan a los ojos y una mano que substituya a una mano y un pie para substituir a un pie y una cara para reemplazar a una cara, entonces entraréis en el Reino.[28]

---

[27] El símil, creo, es bastante diáfano: la leche que reciben los elegidos es la enseñanza que compete a los iniciados y que les abre la ruta del paraíso, a través del conocimiento, la gnosis.

[28] En otro documento de Nag Hamadí, el llamado *Evangelio de Felipe*, se sostiene una tesis muy interesante: la muerte dio comienzo cuando

23. Jesús dijo: —Os elegiré, a uno entre mil y a dos entre diez mil y serán como uno [solo].

24. Sus discípulos le dijeron: —¡Revélanos el lugar donde estarás, pues debemos poder encontrarte!

Y él les dijo: —Quienquiera que tenga orejas, que oiga. Hay luz en un hombre iluminado y éste ilumina al mundo entero. Y si no ilumina, pertenece a las tinieblas.

25. Jesús dijo: —Amad a vuestros hermanos como a vuestro propio espíritu, cuidadlos como a la pupila de vuestro ojo.

26. Jesús dijo: —Veis el granillo de polvo en el ojo de vuestro hermano: cuando podáis ver, quitaréis la viga de vuestro propio ojo y entonces podréis quitar el granillo de polvo del ojo de vuestro hermano.

---

ocurrió la primera separación, es decir, cuando quedaron en dos cuerpos diferentes Adán y Eva. En otros escritos gnósticos, en especial en la *Exégesis del alma*, se afirma que el alma primitiva era de naturaleza andrógina y que más tarde se hizo exclusivamente femenina por participar de la naturaleza de su madre, también hembra. Hay que recordar que los términos griegos de alma (*psyjé*) y espíritu (*pneuma*) pertenecen, respectivamente, a los géneros femenino y neutro. Comparemos este pasaje con el anterior número 11. No puedo dejar de ver, aunque ignoro la posible explicación, un acentuado paralelismo de este versículo con el enunciado clásico de la *Tabula smaragdina*, tradicionalmente atribuida a Hermes Trismegisto, acerca de la identidad de macro y microcosmos, explicada en términos de "lo de arriba" y "lo de abajo". Pero no se agota en esto el contenido de este riquísimo enunciado, ya que dice que sólo entrarán en el Reino quienes puedan crear, no sólo un miembro, sino la función correspondiente. Es decir, que exclusivamente los seres divinizados por el conocimiento (¿su gnosis?) tendrán acceso a esa dimensión superlativa, el Reino.

27. —Si no os abstenéis de participar en el mundo, no encontraréis el Reino. Si no observáis el sábado como sábado, no veréis al padre.[29]

28. Jesús dijo: —Ocupé mi lugar a la mitad del mundo y me les aparecí en la carne. Encontré que todos ellos estaban en un estupor ebrio y no hallé a ninguno que tuviera sed. Mi alma se apesadumbró por los hijos del hombre, porque son ciegos en su corazón y no pueden ver, porque nacieron ignorantes para el mundo y desean dejar el mundo siendo ignorantes. Pero ahora están ebrios. Una vez que se sacudan el estupor, podrán arrepentirse.[30]

---

[29] Hay que seguir la senda estrecha, apartada del mundo, para llegar al Reino. Recordemos el bellísimo poema de fray Luis en torno a la vida retirada, y nos percataremos de cómo todos los misticismos y enseñanzas esotéricas de cualquier naturaleza y entorno tienen sorprendentes coincidencias.

[30] Para cualquier secta o, en su caso, cualquier culto mistérico, todos los que no están familiarizados con los postulados y preceptos del ritual se mueven en las tinieblas. Sólo quienes han penetrado, gracias al esfuerzo, la obediencia, la continencia y la constancia, en los secretos que desvelan la verdad trascendente, pueden entrar en el Reino de los elegidos, otra manera de llamar al "Reino de los cielos" (βασιλεία τῶν οὐρανῶν) que predicaba Jesús. Sin embargo, la distinción que hay que hacer en este momento es capital, ya que la doctrina cristiana, pese a eventuales oscuridades y lenguaje secreto (como en algunas parábolas), es llana y comprensible para todos. La inferencia inmediata es que la promesa de ese Jesús, el de los cuatro evangelios canónicos, se extiende a todos los hombres, en tanto que la del texto de Tomás se reserva para aquellos pocos privilegiados que han sabido encontrar la ruta de la gnosis.

29. Jesús dijo: —Si el alma llegara a ser debido al espíritu, sería maravilloso. Pero si el espíritu llegara a ser a causa de la carne, sería un prodigio de prodigios. En verdad, me asombra cómo puede estar un tesoro en medio de tanta pobreza.[31]

30. Jesús dijo: —Donde hay tres dioses, hay dioses. Cuando hay [¿sólo?] dos o uno, estoy con él.[32]

31. Jesús dijo: —A ningún profeta se le cree en su propia aldea; ningún médico cura a quienes lo conocen.

32. Jesús dijo: —Una ciudad construida sobre una montaña alta y hechas de murallas fuertes, no puede caer, pero tampoco puede quedar oculta.

33. Jesús dijo: —Predicad lo que queráis desde las azoteas. Escuchad con ambas orejas. Porque nadie pren-

---

[31] Las diversas mortificaciones a que someten los ascetas a su cuerpo tienen por objeto primero convertirlo en algo más digno al domar los instintos animales que lo ocupan y dominan. Sin embargo, en este pasaje se enuncia la difícil posibilidad de que el cuerpo (un peculiar, sui generis "cuerpo místico"), nazca de la disciplina, la práctica de la enseñanza esotérica y la perseverancia. Sería, prodigio de prodigios, una especie de recuperación de la unidad cuerpo-espíritu que se ha perdido, como se perdió la de varón-hembra.

[32] Confieso no entender el sentido de este enunciado, aunque creo percibir en él una censura al politeísmo y una aceptación mediatizada de la trinidad. Doresse (1989, 179 y ss.) acude a Mat., 18, 20: "Porque donde se reúnan dos o tres en mi nombre, yo estoy en medio de ellos". Es decir, retrotrae todo a la idea de una iglesia y cita el *Salterio maniqueo*: "¡Uno [dos] tres es la iglesia perfecta; pero muchos son los llamados y pocos los elegidos!"

de una lámpara para ponerla bajo un canasto o meterla en un lugar escondido, sino que, más bien, la ponen allí donde todos los que vayan y vengan puedan ver la luz.

34. Jesús dijo: —Si un ciego guía a otro ciego, ambos caerán en una atarjea.

35. Jesús dijo: —No podéis entrar en la casa de los poderosos y apoderaros de ella, a menos que podáis amarrarles las manos y entonces podáis tomar lo que quisiéreis. (No podéis infringir lo establecido a menos que podáis enfrentarlo contra alguna otra cosa o si podéis concentrar su atención en algo más, y entonces podréis tomar lo que queráis.)

36. Jesús dijo: —No os preocupéis desde la mañana hasta la noche y de la noche a la mañana [deliberando] qué ropa usaréis.

37. Sus discípulos dijeron: —¿Cuándo te nos darás a conocer y cuándo te veremos?

Jesús dijo: —Cuando andéis desnudos sin [sentir] vergüenza y cuando toméis vuestra ropa, la coloquéis bajo vuestros pies y caminéis encima de ella, como hacen los pequeños, entonces conoceréis al Hijo del Viviente, y no tendréis ya miedo.[33]

---

[33] La edad de la inocencia edénica, antes de la expulsión, se caracterizaba porque ni Adán ni Eva sentían vergüenza de su desnudez... mejor dicho, no tenían conciencia de ella. Su restitución, debida al evangelio, acerca al hombre a dios, en tanto que conserve la inocencia de los niños. Lo notable y original de este enunciado es que dice que quien haya logrado recuperar ese estado feliz del origen podrá

38. Jesús dijo: —Muchas veces habéis deseado oír estas palabras que [ahora] os digo, pero no teníais a nadie que os las dijera. Habrá ocasiones en que me buscaréis y no me encontraréis.

39. Jesús dijo: —Los fariseos y los sabios han tomado las llaves del conocimiento y las han ocultado. No han abierto esa puerta y entrado en el Reino, y a quienes desean entrar, no les darán las llaves. Por eso, debéis ser tan astutos como las serpientes y tan inocentes como las palomas.[34]

40. Jesús dijo: —Se ha plantado una vid fuera de la casa del Padre, pero no es suficientemente buena y será desarraigada y erradicada.[35]

41. Jesús dijo: —Los que tienen, han de ser todavía más ricos, y quienes no tienen, se quedarán aún más pobres.[36]

---

ver al Hijo del Viviente sin sentir terror. ¡Qué distante se encuentra este pensamiento del de Pablo en la *Epístola a los hebreos:* "es terrible caer en las manos del dios viviente"!

[34] Mat., 10, 16.

[35] Ataque y advertencia elegantes contra los pseudoprofetas y todo género de falsarios, fundadores de religiones y banderías. Recordemos que desde los tiempos veterotestamentarios invadían la escena religiosa estos individuos, que predicaban doctrinas contrarias a la ortodoxia judía, cuando no esparcían supersticiones torpes.

[36] Cf. Mat., 13, 12; 25, 29; Marc., 4, 25; Luc., 12, 48; 19, 26. De Santos (1996, 695) traduce, con mayor literalidad, así: Jesús dijo: "—A quien tiene en su mano se le dará; y a quien nada tiene —aun

42. Jesús dijo: —Convertíos en trashumantes.

43. Sus discípulos le dijeron: —¿Quién eres que nos dices tales cosas?

Jesús les dijo: —No sabéis quién soy después de lo que os he dicho porque os habéis hecho semejantes a los judíos, que aman al árbol, pero detestan su fruto, o aman al fruto y detestan al árbol.[37]

44. Jesús dijo: —Quienquiera que blasfeme contra el Padre será perdonado y quienquiera que blasfeme contra el Hijo será perdonado, pero quienquiera que blasfeme contra el Espíritu Santo no será perdonado ni en la tierra ni en el cielo.[38]

45. Jesús dijo: —Las uvas no provienen de las espinas y los higos no se cortan de las ortigas, porque no producen éstas fruto. Un hombre bueno produce bondad debido a sus hechos y experiencias pasadas, y un hombre perverso produce maldad por sus pasados hechos y experiencias, que están en su corazón y procla-

---

aquello poco que tiene —se le quitará" y plantea la posibilidad de que se exprese aquí la distinción que hacían los valentinianos entre *tener en propiedad* (que era lo relativo a la gnosis) *y tener en préstamo*, que era lo relativo a la fe.

[37] La aversión de Jesús a los fariseos se debe, fundamentalmente, a que su manera de practicar la religión es superficial, ritualista y vacua: no se interesan por el contenido, dice, sino por la forma.

[38] ¿Es sostenible, en el contexto de este documento, que este pecado imperdonable consiste en atribuir al demonio lo que es obra de dios?

man el mal. Porque desde la pesantez de su corazón produce cosas perversas.

46. Jesús dijo: —De entre todos los nacidos de mujer, desde Adán hasta Juan Bautista, nadie hay más elevado que Juan Bautista y nadie que no deba inclinar la cabeza ante él. Y sin embargo, como he dicho, quienquiera que se convierta en niño conocerá el Reino y entonces llegará a ser más grande que el propio Juan.[39]

47. Jesús dijo: —Nadie puede cabalgar sobre dos caballos ni tender dos arcos. Y un sirviente no puede servir a dos amos, pues uno quedará honrado, mientras que al otro se le hará a un lado. Nadie que beba el vino viejo tendrá un deseo inmediato de beber el vino nuevo. Y el vino nuevo no ha de verterse en los odres del viejo, no sea que se rompan. Y tampoco habrá que poner el vino viejo en los odres del vino nuevo, no sea que se desperdicie y eche a perder. No debe usarse un remiendo viejo en un ropaje nuevo, porque no se podrá sostener [en el lugar].

48. Jesús dijo: —Si quienes tienen diferencias hacen la paz entre sí y queda unida su casa, podrán decir a cualquier obstáculo: "¡Apártate!" y se apartará.

---

[39] Promesa ultramundana, si las hay: el que haya observado las normas religiosas, que son las éticamente válidas, ganará un lugar en el Reino, y el hecho de haber superado a la muerte y estar en el paraíso convierte a cualquier hombre en ejemplar, pues ha vencido también a la muerte segunda, la definitiva, nacida de la condena que mereció el castigo eterno.

49. Jesús dijo: —Bienaventurados vosotros, los escasos elegidos, porque habéis de entrar en el Reino, porque le pertenecéis y ha de volver a vosotros.

50. Jesús dijo: —Si os preguntan ¿de dónde venís?, decidles: "Venimos de la luz y del lugar donde la luz llegó a ser por su propia voluntad y se manifestó a través del pensamiento". Y si os preguntan: ¿Sois vos?, decid: —"Somos sus hijos y somos los Elegidos del Padre Viviente". Si os preguntan cuál es la marca que ha dejado el Padre en vosotros, decidles que es acción y quietud.[40]

51. Sus discípulos le dijeron: —¿Cuándo habrá paz y tranquilidad (el descanso de los muertos) y cuándo habrá de suceder el mundo nuevo?

Y les dijo: —Lo que deseáis ha sucedido, pero no lo sabéis.[41]

52. Sus discípulos le dijeron: —Ha habido veinticuatro profetas de Israel y todos ellos han hablado como tú.

---

[40] El texto copto conservado y malamente legible dice, en la versión de Doresse: "Jesús dijo: —Si la gente os pregunta: ¿De dónde venís?, decidles:? Venimos de la Luz, del lugar donde la luz se ha hecho [...] ¿fuera de sí misma? É [... ... ...] su imagen."

[41] El mundo futuro, transfigurado, ya está aquí, a la vuelta, para quienes han logrado esa superación interior preconizada por Jesús. Él mismo ya forma parte de este universo de perfección moral, porque encabeza el movimiento. Sin embargo, tal posibilidad, tal condición mejorada no es perceptible ni siquiera a quienes están en camino hacia la salvación y la gran revelación, porque todavía la mirada que lanzan a su interior, donde están latentes estas capacidades, no tiene el adiestramiento y la confianza necesarios para detectarlas.

Y él dijo: —Habéis omitido a uno que vive en vuestra presencia y habéis mencionado sólo a los muertos.[42]

53. Sus discípulos le preguntaron: —La circuncisión ¿es buena o mala?[43]

---

[42] El número veinticuatro, si se coteja con el de los profetas propiamente dichos que aparecen en el Antiguo Testamento, es mayor que el real, pues hay tres profetas mayores (Isaías, Jeremías y Ezequiel, ya que Daniel figura, para los judíos, entre los hagiógrafos o *ketuvim*) y doce menores, lo cual arroja un total de quince escritos proféticos propiamente dichos. Y si se sigue la costumbre hebraica de dividir estos escritos entre los "primeros" profetas (*nevi'im rishonim*), que abarcan a Josué, Jueces, 1 y 2 de Samuel y 1 y 2 de los Reyes, y "posteriores" (*nevi'im ajaronim*), que son los ya mencionados tres profetas mayores y Oseas, Joel, Amós, Abdías, Jonás, Miqueas, Nahum, Habacuc, Sofonías, Ageo, Zacarías y Malaquías, (los *teré asar* o doce profetas menores) el total sigue siendo inferior, ya que suman sólo veintiuno. Por consiguiente, me inclino a creer que se trata de una especie de número mágico, pues es el doble de las doce tribus, es múltiplo de tres, y otras muchas propiedades que puede atribuirle una mente proclive a la numerología. Pero aparte de esta característica, hay que observar que el enunciado contrapone, con ventaja para Jesús, a todos los profetas del viejo pacto, que han muerto y cuyos vaticinios pertenecen al pasado, con él mismo, cuyas palabras han de perdurar y se prolongan más allá de la muerte.

[43] No puede dejarse de recordar a San Pablo (*Gálatas*, 6, 15, y especialmente *Colosenses*, 2, 11 y 3, 11), que pone de relieve que es la presencia, y el mensaje asimilado, de Cristo, el que produce al hombre nuevo. El último versículo citado es, en especial, claro: *Cuando eso sucede* [que el ser humano ha permitido que dios haga de él un hombre nuevo, creado a imagen suya y que cumple su voluntad] *no importa ya si se es griego o judío, si se está o no circuncidado, si se es bárbaro o educado, esclavo o libre, porque Cristo es todo y en todo está.*

Y él dijo: —Si fuera buena, el padre habría hecho que salieran del seno de su madre ya circuncisos, pero la circuncisión honesta del espíritu es de gran beneficio.[44]

54. Jesús dijo: —Bienaventurados los pobres, porque les pertenece el Reino de los Cielos.

55. Jesús dijo: —Quienquiera que no odie a su padre y a su madre, no me puede seguir; quien no odie a sus hermanos y hermanas y no toma su cruz en mi camino, no será digno de mí.[45]

56. Jesús dijo: —Quienquiera que haya venido al mundo sólo habrá encontrado muerte y quienquie-

---

[44] Jesús parece omitir en este enunciado la importancia simbólica y moral que la circuncisión tiene para el pueblo de Israel, ya que es la señal fehaciente del pacto que ese pueblo ha celebrado con dios. Precisamente el que los hombres nazcan con prepucio y los judíos hagan la ablación del mismo los distingue de los demás, recordándoles simultáneamente el compromiso contraído con su dios. De cualquier manera, creo que hay que interpretar este enunciado inclinándose más hacia las consideraciones paulinas que viendo en él un rechazo rotundo de la tradición judaica.

[45] Mat., 10, 37 y s.; 19, 20; Marc., 10, 29 y Luc., 14, 26 y s. Doresse cita el *Salterio maniqueo:* "Coge tu cruz [...] Deja a tu padre y a tu madre; deja a tu hermano y a tu hermana [....] He dejado a mi padre y a mi madre ¡espíritu mío! He dejado a mi hermano y a mi hermana por causa tuya..."

ra que haya encontrado muerte está por encima del mundo.[46]

57. Jesús dijo: —El Reino del Padre es como un hombre que ha plantado simiente: por la noche, llegó su enemigo y sembró malas hierbas al lado de la buena simiente. El hombre no va a arrancar las malas hierbas, diciendo: "Temo que, a pesar de la mejor de las intenciones, no sólo quedarán arrancadas las malas hierbas, sino que también sea erradicado el trigo". Porque cuando es tiempo de cosechar lo sembrado, los hierbajos serán fáciles de ver y podrán ser arrancados y quemados.

58. Jesús dijo: —Bienaventurado el hombre que ha sufrido y ha encontrado la vida.

59. Jesús dijo: —¡Escuchad, prestad atención al Viviente mientras estáis vivos, porque, una vez que hayáis muerto, no podréis buscarlo para pareceros a él.[47]

---

[46] Una vez más vuelve el tema del vencimiento de la muerte, que sólo logran quienes han recibido la iluminación por haber seguido con fidelidad la enseñanza contenida en las palabras de Jesús. La versión de Doresse, directa del texto copto, se presta a una interpretación quizás más sugerente. Dice, en efecto: "Jesús dijo: —El que ha conocido el mundo ha encontrado el cadáver y si ha encontrado el cadáver, el mundo no es digno de él." El mismo erudito, en la nota correspondiente, observa que entre los naasenos se aludía al hombre celeste diciendo que era *cadáver* porque está enterrado en el cuerpo como en una tumba. Sin embargo, creo que no se debe perder de vista la vieja concepción pitagórica que establece el paralelismo (que en griego redunda en un profundo juego de palabras: τὸ σῶμα σῆμα, el cuerpo [soma] es tumba [sema]), seguido por muchos.

[47] Jesús, en su carácter de Cristo, es el viviente, el vivificador; es el

60. Un samaritano transportaba a un cordero por el camino de Judea. Jesús preguntó a sus discípulos:
—¿Por qué anda cargando por dondequiera al cordero?

Y le dijeron: —Para poder matarlo y comérselo.

Él dijo: —Mientras viva, no lo comerá, porque sólo cuando lo haya sacrificado se convertirá en carne muerta.

Y ellos le dijeron: —No hay otro camino.

Él dijo: —También vosotros, buscaos un lugar en la quietud y la tranquilidad para vosotros mismos, no sea que os convirtáis en carne muerta y seáis consumidos.[48]

61. Jesús dijo: —Dos se acostarán a descansar: uno morirá; el otro vivirá.

Salomé dijo: —¿Quién eres, hombre, que tú, como si vinieras del Único, te sentaste en mi silla y participaste de mi mesa?[49]

---

camino, la verdad y la vida, pero esta vida se sostiene después de la muerte, porque es la perdurable, alcanzada a través de la observancia, la abstinencia, la obediencia y el acatamiento de las normas éticas de la nueva secta.

[48] El anacoreta (y *anajoreo* significa en griego retirarse, retraerse, apartarse) tiene el tiempo y la concentración necesarios para buscar la vida eterna, la que Cristo preconiza y cuya ruta muestra.

[49] Esta mujer sólo aparece en unas alusiones que hace Marc. (15, 40 y 16, 1). En la primera, el evangelista la menciona al final, tras aludir a María Magdalena y a María, madre de Santiago el menor y de José,

Jesús dijo: —Yo soy aquel que está unido. He heredado algunas de las cualidades de mi Padre.

Salomé dijo: —Soy tu discípula.⁵⁰

Jesús dijo: —Por consiguiente, digo que si él está unido, será iluminado, pero si está dividido, se lo llenará de tiniebla.

62. Jesús dijo: —A quienes pueden comprender las verdades secretas es a quienes elijo para revelar mis

---

que observan desde lejos la escena de la crucifixión. En la segunda, Salomé compra, junto con las dos Marías ya mencionadas, aceite precioso para embalsamar el cuerpo. Pero muy otro es el caso de los escritos apócrifos, donde Salomé (aunque es obvio que se trata de varios personajes de ese nombre) aparece representada en diferentes ocasiones. En la famosa *Pistis-Sofía*, una de las grandes obras gnósticas, interviene en una conversación con Cristo en torno a los misterios. En el importantísimo *Protoevangelio de Santiago* (xx, i, De Santos, 1996, 163) y en el *Evangelio del Pseudomateo*, asiste, dudosa, al nacimiento partenogenético de Jesús e introduce la mano en el sexo de María para cerciorarse de lo que ha sucedido y, llena de terror y arrepentimiento, la retira carbonizada. Acaso como una celebración del hecho preternatural que acaba de ocurrir, un ángel le anuncia que será curada y, en efecto, la mano recupera su condición natural. En el *Evangelio árabe de la infancia* (De Santos, 1996, 304 y s.) una anciana partera, en quien la mayoría de los críticos ha reconocido a esta Salomé, pide a María que la ayude en su enfermedad, pues padece parálisis. María le aconseja que ponga la mano afectada sobre el niño y el milagro se produce. En el *Evangelio armenio de la infancia* (De Santos, 1996, 355), finalmente, Salomé, que posiblemente recela, es aplacada nada menos que por Eva, la primera mujer (prefigura de María, madre de Jesús).

⁵⁰ En otro apócrifo, el *Evangelio de Pedro* (De Santos, 1996, 385) Magdalena es llamada discípula de Jesús: μαθήτρια.

secretos. No permitáis que vuestra mano izquierda sepa lo que está haciendo vuestra diestra.

63. Jesús dijo: —Había un hombre rico, de colosal fortuna y dijo: "Usaré mi dinero para sembrar, cosechar y plantar, para llenar mi granero de granos y productos, con el fin de tener lo suficiente para vivir bien". Esto era lo que pretendía hacer, pero esa misma noche murió. Quienes tienen orejas, que oigan.

64. Jesús dijo: —Un hombre tenía varios invitados. Les había preparado cena y había enviado a su sirviente para convidarlos a comer. El sirviente fue al primero de ellos y le dijo: "Mi amo te invita a venir y comer". Y él dijo: "Tengo cierto negocio [que ventilar] con unos mercaderes, que han de encontrarse conmigo esta noche. Tengo que ir y hacer ciertos arreglos con ellos. Pido que se me disculpe de asistir a la cena". Fue a otro y le dijo: "Mi amo te invita a venir y a cenar". Y él le dijo: "Un amigo mío se casa y tengo que prepararle el banquete. No podrá ir hoy por la noche. Pido que se me disculpe de asistir a la cena". Fue a otro más y le dijo: "Mi amo te invita a venir y a cenar". Y él le dijo: "Acabo de comprarme una granja y estaba a punto de irme para llegar y cobrar la renta. No podré asistir; pido que se me disculpe de asistir a la cena". El sirviente regresó con su amo y le dijo: "Aquéllos a quienes invitaste a comer, han pedido que se les excuse". El amo dijo al sirviente: "Sal a las calles y trae a quienquiera que te encuentres, para que coma con nosotros. Los comerciantes y los mercaderes no han de entrar en la Casa de mi Padre".

65. Dijo: —Había un hombre bueno que tenía una viña. La rentó a unos granjeros inquilinos que habrían de trabajarla y darle la cosecha. Y envió a un sirviente a hacer el cobro a los inquilinos y [éstos] lo agarraron y lo golpearon hasta casi matarlo. El sirviente regresó y dijo [lo sucedido] a su amo y éste dijo: "Tal vez no sabía quién era". Y envió a otro servidor y los inquilinos lo golpearon de la misma manera. Entonces, el dueño envió a su hijo, diciendo: "Tal vez muestren ahora respeto por mi hijo". Y los inquilinos supieron que era el heredero de la tierra y entonces lo capturaron y lo mataron. Que quienes tienen orejas, oigan.

66. Jesús dijo: —Mostradme una piedra que haya sido rechazada por los constructores: ésa será la piedra toral.[51]

67. Jesús dijo: —Quienquiera que crea que falta todo, carece de todo.[52]

---

[51] Doresse (1989, 198), aparte de aludir a las correspondencias en los evangelios sinópticos (Mat., 21, 42; Marc. 12, 10 y Luc. 20, 17 y s.) cita un interesante texto naaseno, que, comentando un pasaje de la Odisea (rapsodia XXIV, 6-8) dice lo que sigue: 'El poeta ha dicho otra vez, en su lenguaje figurado: Así es, en el fondo de un antro divino, el pequeño grito que lanzan revoloteando unos murciélagos cuando uno de ellos cae de la roca en la que estaban posados todos juntos'. Y añade que para estos sectarios, esa roca es Adán (cuyo nombre, haciendo caso omiso de su origen semítico significa en griego "indomable" y "el que es más duro" que el acero y el diamante). Este Adán, es decir el hombre original, el hombre por antonomasia, es simultáneamente la piedra angular. La cita está tomada de los *Philosophoúmena* (V, 7, 34 y s.).

[52] Doy esta versión del enunciado, aunque creo que es mucho más confiable la de Doresse, que dice a la letra (1989, 133): "Jesús dijo: —El que conoce el todo, [pero] no se conoce [a sí mismo], deja de conocer todo el lugar". Y el propio erudito, al preferir la tesis de que, en este pasaje, el todo significa el Reino, más que Jesús, recuerda que

68. Jesús dijo: —Bienaventurados quienes son odiados y perseguidos. Quienquiera que os haya perseguido, no tendrá sitio en el Reino.

69. Jesús dijo: —Bienaventurados los que hayan sido perseguidos por sí mismos porque, en verdad, llegaron a conocer al Padre. Bienaventurados los hambrientos [porque] el vientre del que carece será saciado.

70. Jesús dijo: —Aquello que poseéis dentro de vosotros os salvará, si lo usáis. Aquello de que carecéis dentro de vosotros, os destruirá, si no lo podéis encontrar dentro de vosotros.[53]

71. Jesús dijo: —Destruiré esta casa y nadie podrá reconstruirla.

72. Un hombre le dijo: —Di a mis hermanos que dividan los bienes de mi padre y que los compartan conmigo.

Y él le dijo: —¡Hombre! ¿Quién ha tenido la locura de convertirme a mí en alguien que divide?

---

los hebreos han llamado numerosas veces "el lugar" (*ha-maqom*) a la divinidad innominada. En la versión griega de la Biblia, los pasajes en que se emplea esta metonimia se usa ὁ τοπός (ho topos) y alude simultáneamente a las imágenes del trono y el fuego, que es como la máscara que oculta a dios. Doresse cita otra obra gnóstica, *Los extractos de Teodoto*, para demostrar que esta secta usaba este recurso lingüístico para llamar al demiurgo, la divinidad inferior a la que atribuían la creación del mundo y sus habitantes.

[53] Ver enunciado 67, más arriba.

Y volteó hacia sus discípulos y dijo: —Yo no divido. ¿Acaso lo hago?

73. Jesús dijo: —La cosecha es grande, pero hay pocos peones. Por consiguiente, rogad a dios que envíe peones a la cosecha.

74. Dijo: —¡Señor, hay mucha gente en torno del abrevadero, pero no hay nada en la cisterna![54]

75. Jesús dijo: —Muchos esperan a la puerta, pero [sólo] el solitario entrará en la cámara nupcial.[55]

---

[54] Todos los hombres son llamados al banquete divino, pero sólo unos pocos tendrán la facultad de poder administrar los bienes celestiales. En el caso de los gnósticos, solamente aquéllos que hayan terminado la iniciación y, consecuentemente, hayan penetrado en el conocimiento (la gnosis) verdadera. En el caso de los cristianos ortodoxos, los sacerdotes y diáconos tendrán facultades específicas para la administración de lo divino. Y las filas de esta casta están siempre flacas, carentes de un número suficiente de individuos que estén dispuestos a las privaciones que impone esta vocación. En el abrevadero, que puede comprenderse como la palabra de dios, hay muchos reunidos, dispuestos a beberla, pero quienes han de pronunciarla son pocos, como son pocos quienes están en contacto con la disciplina y el autodominio. De Santos (1996, 700) cree que este *logion* tenga raigambre ofita y se apoya en Orígenes (*Contra Celso*, 8, 16), que dice: "¿Cómo es que hay muchos alrededor del pozo y nadie en el pozo?"

[55] La metáfora de la cámara nupcial es equívoca, pues significó, en general, el bautismo, aunque entre los gnósticos parece aludir al Reino que Jesús vino a predicar a la tierra, el reino de los cielos. Parece que en este contexto específico significa, en cambio, la unión de los dos principios, masculino y femenino. De aquí se puede trazar un hilo conductor que nos lleve hasta la concepción alquímica corriente.

76. Jesús dijo: —El Reino del Padre es como un mercader que tiene una consigna de mercancía y [en ella] descubrió una perla. Ese mercader era sagaz: vendió la mercancía y compró la perla sólo para sí. También vosotros buscad su tesoro infalible y duradero, al que no se acercará polilla alguna para devorarlo y que no destruirá ningún gusano.

77. Jesús dijo: —Yo soy la luz que está encima de todos ellos. Yo soy el todo. A partir de mí nació todo y hacia mí todo se extendió el todo. Partid un leño y estaré allí. Levantad una piedra y me encontraréis allí.[56]

78. Jesús dijo: —¿A qué habéis salido al desierto? ¿A ver una caña sacudida por el viento? ¿Y [o] a ver a un hombre vestido con ropa fina [como vuestros] reyes y vuestros grandes hombres? Encima de ellos están los ropajes más finos, pero no pueden discernir la verdad.

79. Una mujer de la muchedumbre le dijo: —¡Bienaventurado el seno que te albergó y los senos que te nutrieron!

Y él le contestó: —¡Bienaventurados quienes han oído la palabra del padre y la han cumplido verdaderamente. Porque vendrán días en que digáis: "Bienaventu-

---

[56] Jesús, como en la concepción de Teilhard de Chardin, guardada la distancia y salvadas las especificaciones, es el Cristo cósmico, simultáneamente alfa y omega, el principio y el final, el *terminus a quo* y el *terminus ad quem*. Esta concepción tiene origen y resonancias apocalípticas: [...] "Yo soy alfa y omega, el principio y el final, el Señor, el que es y el que era y el que viene, el omnipotente" (*Apocalipsis*, 1, 8).

rados el vientre que no ha concebido y los senos que no han dado leche".[57]

80. Jesús dijo: —Quien ha reconocido el mundo, ha encontrado el cuerpo, pero quien ha encontrado el cuerpo es superior al mundo.[58]

81. Jesús dijo: —Que aquel que se ha enriquecido sea rey y aquel que tenga poder, que renuncie a él.

82. Jesús dijo: —Quien está cerca de mí, está cerca del fuego y quien está lejos de mí, está lejos del Reino.[59]

---

[57] Mat., 24, 19, y sobre todo Luc., 23, 29.

[58] Cf. enunciado 56. Es necesario recordar que, para los gnósticos, el cuerpo es una especie de trampa en la que cae el alma y de la que lucha desesperadamente para salvarse. El enunciado indica que quienes hayan seguido la doctrina, a pesar de estar encarcelados en el cuerpo, señal y presagio de la muerte y de la sepultura, tendrán acceso a la vida eterna, tras haber vencido a la segunda muerte.

[59] En la concepción del Antiguo Testamento, dios es un fuego que todo lo consume: así lo dice el Deuteronomio (9, 3): *esh ojláh*. El fuego que concibieron los gnósticos es mucho más complejo, ya que proviene de las ideas heredadas de dos mundos inconciliables, pero que los azares de la historia unieron indisolublemente: el hebreo y el griego, la iluminación profética y la razón. Por ende, intervienen en la idea de este fuego algunos correlatos extraños a los bíblicos, como el del fuego modelador, creativo, que parte de Heráclito, al lado del temor a la combustión general, la *ekpyrosis* de que hablaron los estoicos. Entonces se trata de un elemento fundamentalmente poderoso, cuyo poder se manifiesta en el plano espiritual lo mismo que en el físico. Jesús, que promete otro tipo de bautismo, éste definitivo a diferencia del de Juan, pertenece al universo del fuego, en tanto que el mundo del agua, otro de los cuatro elementos simbólicos en que creyeron los antiguos, se vincula de preferencia con el

83. Jesús dijo: —Las imágenes están manifiestas al hombre, pero la luz que hay en ellas sigue estando escondida en la imagen de la luz del padre. Él se manifestará, pero su imagen seguirá escondida por su luz.[60]

84. Jesús dijo: —Cuando veis vuestra imagen, os regocijáis. Pero cuando veáis vuestras imágenes, las que

---

origen, como en el *Génesis*, donde las aguas, escindidas en dos, acogen la creación. Pero su tarea no se circunscribe sólo a ser este *rex tremendae maiestatis*, también le incumbe presidir el Reino de los Cielos al que se encaminan con paso firme todos los seres humanos que han dado oído a sus enseñanzas y las han puesto en práctica.

[60] La intensidad de la perfección es insoportable para el hombre. Por este motivo, sólo puede apreciar esa especie de sombra que son sus proyecciones, sus concreciones. Como en el mito de la caverna, que no es imposible que haya conocido el escritor que redactó este complejísimo texto, podemos captar esos residuos, esos reflejos de la idea primordial, eterna, incorruptible. La fuerza de la luz original es cegadora, y ni siquiera podríamos acercarnos a ella en el momento en que habitemos el Reino. Hay, como bien se sabe al considerar estas sectas, una atenuación progresiva, concéntrica, del poder, en la medida en que las emanaciones se van alejando del centro generador. Jesús es esto y, por ende, sólo nos muestra su rostro humano, que aceptó para salvarnos, no su rostro divino, cuya contemplación nos aniquilaría. Doresse (1989, 204 y s.) nos remite a dos textos muy interesantes: la *Epístola a los hebreos* (11, 3 y 9, 23): "Puesto que confiamos en dios, sabemos que el mundo ha sido creado por su palabra": lo visible *procede* de lo invisible... Y también: "¡Todas las copias de la realidad celestial tienen que ser purificadas de ese modo, pero para los modelos celestes son necesarios sacrificios mejores". Y añade una cita tomada de los *Philosophoúmena* que alude a *La gran revelación* de Simón Mago: "El fuego [...] tiene dos naturalezas, una oculta, otra aparente. La naturaleza oculta del fuego está escondida en la naturaleza aparente y la naturaleza aparente debe su existencia a la naturaleza oculta". Por mi parte, creo escuchar en estas aseveraciones ciertos acentos, muy diluidos, del hermetismo clásico.

fueron antes de vosotros y que ninguna de ellas muere ni se hace manifiesta, ¡cuánto tendréis que soportar![61]

85. Jesús dijo: —Adán llegó a ser partiendo de un gran poder y una gran riqueza, pero no se hizo digno de ti. Porque si hubiera sido digno no [habría experimentado la] muerte.[62]

86. Jesús dijo: —Las zorras tienen [sus madrigueras] y las aves tienen sus nidos, pero el hijo del hombre no tiene dónde apoyar la cabeza y descansar.

87. Jesús dijo: —Malaventurado el cuerpo que depende de otro cuerpo, y malaventurada el alma que depende de ambos.[63]

---

[61] Nuevamente aparecen las imágenes y los ejemplares, o ideas, de las mismas. No vacilo en atribuirles un origen platónico o derivado directo, como una corriente neoplatónica. La incorruptibilidad caracteriza al mundo eidético, en tanto que el natural se define por su caducidad y su transitoriedad. No hay que hacer un esfuerzo muy grande para encontrar una repercusión de esta concepción en el mito de las edades del hombre, a pesar de que se trate de un fenómeno paralelo, concomitante, pero no dependiente del universo platónico.

[62] Por el pecado de Adán entró la muerte en el mundo, y todos sus herederos, los seres humanos, quedamos sometidos a ese castigo, seamos o no inocentes. Es más, el primer muerto del Génesis fue un inocente, Abel.

[63] En este enunciado, a diferencia del comentarista, Doresse, al que he estado atendiendo, y que con frecuencia va por otros caminos, no puede ver sino una exhortación a la vida espiritual, por completo independiente, en medida de lo posible, de la física, que es, a fin de cuentas, vida corporal.

88. Jesús dijo: —Los ángeles y los profetas vendrán a vosotros y os darán las cosas que [ya] tenéis. Y vosotros también les daréis las cosas que tenéis y os diréis a vosotros mismos: —¿Cuándo vendrán y se llevarán lo suyo?

89. Jesús dijo: —¿Por qué limpiáis la parte exterior de la copa? ¿No os dais cuenta de que quien hizo la parte interior es el mismo que hizo la parte exterior?[45]

90. Jesús dijo: —¡Venid a mí, porque mi yugo es suave y mi señorío blando y encontraréis vuestro reposo![65]

91. Le dijeron: —Dinos quién eres, para que creamos en ti.

Y él les dijo: —¡Leéis la faz del cielo y de la tierra, pero no habéis reconocido a quien es anterior a vosotros y no sabéis cómo leer este momento![66]

---

[64] Cf. Mat., 23, 25; Luc., 11, 39 y s. Los paralelismos que encontramos en los sinópticos refuerzan el reproche que hace Jesús a los fariseos al calificarlos de practicar un culto exterior, adjetivo, que deja de lado lo verdaderamente importante. Lo interesante de encontrar esta censura en un texto que acaso tenga un origen remoto es, precisamente, el respaldo que se da a las palabras de Jesús en un medio heterodoxo, gnóstico. Proclama, además, la universalidad de dios, que por igual creó el interior y el exterior de las cosas.

[65] Igual incongruencia aparente se encuentra en varios lugares de los evangelios canónicos entre el Jesús que reclama para sí el uso de la espada y el que promete blandura, comprensión, caridad y alivio de los sufrimientos a sus seguidores. Pero, a mi entender, son sólo aspectos parciales de una misma realidad religiosa.

[66] Una reafirmación de la majestad eterna de dios. Jesús ha de revelarse a sus fieles, aunque sea a través de parábolas, a menudo

92. Jesús dijo: —Buscad y encontraréis. Sin embargo, lo que me pedisteis antes y que no os dije entonces, deseo decíros(lo) ahora, aunque [ya] no preguntéis por eso.

93. [Jesús dijo]: —No deis lo santo a los perros, no sea que lo arrojen en el muladar. No arrojéis las perlas [a] los cerdos, no sea que...

94. Jesús [dijo]: —Quien busca, encontrará y [quien tañe] será admitido dentro.[67]

95. Si tenéis dinero, no lo prestéis a interés, dad(lo) a aquel que no os lo ha de devolver.[68]

96. Jesús dijo: —El Reino del Padre es como [cierta] mujer [que] tomó un poco de levadura, [la escondió] en una pasta e hizo de ella grandes rebanadas. Quienquiera que tenga orejas, que oiga.[69]

97. Jesús dijo: —El Reino del [Padre] es como cierta mujer que transportaba un [recipiente] lleno de comida.

---

oscuras pero promisorias, como creador, consolador y rector del destino de todo y de todos.

[67] Mat., 7, 7 y s.; Luc., 11, 9 y s.

[68] Ésta es la fórmula cabal de la caridad entendida a la manera cristiana. Luc., 6, 34 y s.

[69] Doresse (1989, 209) hace una oportuna cita de un texto naaseno paralelo, resumido en los *Philosophoúmena:* "El reino de los cielos es como un tesoro depositado dentro de nosotros, como una levadura escondida en tres medidas de harina". Los textos paralelos en los sinópticos son: Mat., 13, 33 y Luc. 13, 20 y s.

Mientras andaba [por el] camino, todavía a cierta distancia de casa, se rompió el asa del recipiente y la comida se vació, [cayendo] tras ella [sobre] el camino. Ella no se dio cuenta; no había observado ningún accidente. Al llegar a casa, depositó el recipiente y lo encontró vacío.

98. Jesús dijo: —El Reino del Padre es como cierto hombre que quería matar a un poderoso. En su propia casa desenvainó la espada y la clavó en la pared para ver si la mano podría sostenerla. Después, mató al poderoso.

99. Los discípulos le dijeron: —Tus hermanos y tu madre están afuera [esperándote].

Y él les dijo: —Los que están aquí y cumplen la voluntad de mi padre son mis hermanos y mi madre. Ellos son los que han de entrar en el Reino de mi padre.[70]

100. Mostraron a Jesús una moneda de oro y le dijeron: —Los hombres del César nos exigen impuestos.

Y él les dijo: —Dad al César lo que pertenece al César; dad a dios lo que pertenece a dios, y dadme a mí lo que es mío.

101. [Jesús dijo]: —Quienquiera que no odia a [su] padre y a su madre como yo, no puede hacerse mi [discípulo]. Y quienquiera [no] ame [a su padre y a] su madre como yo, no podrá hacerse [mi discípulo]. Porque mi madre..., pero [mi] verdadera [madre] me dio la vida.

---

[70] Mat., 12, 46-50; Marc., 3, 31-35 y Luc., 8, 19-21.

102. Jesús dijo: —¡Ay de los fariseos, porque son como un perro que duerme en el comedero de los bueyes, y ni come ni [deja] que coman los bueyes!

103. Jesús dijo: —Afortunado del hombre que sabe [por] dónde han de entrar los ladrones, de modo que se puede levantar, revisar sus posesiones y armarse, antes de que lo invadan.

104. Le dijeron a Jesús: —¡Ven, recemos hoy y ayunemos!

Jesús dijo: —¿Qué pecado he cometido o en qué he sido derrotado? Pero cuando el novio deja la cámara nupcial, dejadlos que ayunen y recen.

105. Jesús dijo: —Quien conoce a su padre y a su madre, ¿será llamado acaso hijo de prostituta?

106. Jesús dijo: —Cuando hagáis de dos uno, os convertiréis en hijos del hombre y cuando digáis: "¡Montaña, hazte a un lado!", se hará a un lado.[71]

107. Jesús dijo: —El Reino es como un pastor que tenía cien ovejas. Una de ellas, la más grande, se extra-

---

[71] Los comentarios acerca de este enunciado insisten, sobre todo, en el poder de la fe para hacer que las cosas tomen un curso que pueda apartarse incluso del natural. Sin embargo, no desecho la idea de que en él se encuentra también una alusión levemente velada, podría decirse que nostálgica, a ese mundo original que se preconiza en otra parte, en el cual las dos supuestas mitades de un ente andrógino original estaban unidas.

vió. Dejó [entonces] a noventa y nueve y buscó a aquélla, hasta encontrarla. Una vez que había tenido tal trabajo, dijo a la oveja: "Me importas más que las noventa y nueve".

108. Jesús dijo: —Quien beba de mi boca llegará a ser como yo. Yo me convertiré en él y las cosas escondidas le serán reveladas.[72]

109. Jesús dijo: —El Reino es como un hombre que tenía un tesoro [escondido] en su campo, sin saberlo. Y [después] de morir, lo dejó a su [hijo]. El hijo no sabía [del tesoro]. Heredó el campo y [lo] vendió. Y quien lo compró, [encontró] el tesoro mientras araba. Empezó [entonces] a prestar dinero a interés a quienquiera que lo quería.

110. Jesús dijo: —Que quienquiera que encuentre el mundo y se enriquezca, renuncie al mundo.[73]

111. Jesús dijo: —Los cielos y la tierra serán anulados en tu presencia. Y quien vive del Viviente no verá

---

[72] Se insiste en este pasaje en el valor de Jesús como mistagogo, ya que él es quien conduce y orienta por la ardua senda de la iniciación gracias a la cual se vencerá a la muerte.

[73] La prueba más dura de la vocación es, precisamente, la renuncia a todos los bienes de este mundo para seguir otro, superior, que se supone que mana de la boca y las enseñanzas del maestro, pero del que nadie puede afirmar, sin temor a errar, que existe realmente y, además, que se alcanzará mediante la práctica de una disciplina determinada.

la muerte. ¿Acaso no dice Jesús: "Quienquiera que se encuentre a sí mismo es superior al mundo?"[74]

112. Jesús dijo: —¡Ay de la carne que depende del alma! ¡Ay del alma que depende de la carne![75]

113. Sus discípulos le dijeron: —¿Cuándo vendrá el Reino?

[Jesús dijo]: — No ha de venir porque se lo espere. No se tratará de decir "aquí está" o "allí está". Más bien, el Reino del Padre está disperso sobre la tierra y los hombres no lo ven.[76]

---

[74] Probablemente el grado supremo de la gnosis sea el conocimiento de uno mismo. De ser así, coincidiría con el ideal griego arcaico: ¡conócete a ti mismo!

[75] Por todo lo que hemos estado observando, podría afirmarse que la relación alma-cuerpo no debe ser de dependencia, sino de integración, de reunificación en el andrógino original (aunque no debe verse en esto una tendencia, anacrónica y, sobre todo, nacida en otra región del mundo y en otro medio espiritual, a descubrir el andrógino de que nos hablan los textos alquímicos).

[76] El hallazgo de este mundo, del reino de los cielos, es el descubrimiento de nosotros mismos, de nuestras capacidades y nuestra dignidad, complementado todo ello con la observancia de la doctrina que se acaba de exponer fragmentariamente. Todos los hombres tenemos de continuo a la mano la posibilidad de mejorarnos y difundir este mejoramiento en nuestro medio, gracias a lo cual podría, quizás, lograrse un mejor acuerdo humano. Pero estas posibilidades éticas, esta superación, están siempre a la mano, a pesar de que las oculten nuestras pasiones y nuestra torpeza e irresolución. Dios, por su parte, está siempre como el ladrón, a la

114. Simón Pedro les dijo: —¡Que nos deje María, porque las mujeres no son dignas de la vida! Jesús dijo: —Yo mismo la he de guiar para hacerla macho, de modo que también ella pueda convertirse en espíritu viviente, similar a ustedes, machos. Porque toda mujer que se hace macho entrará en el Reino del cielo.[77]

El Evangelio según Tomás

---

vuelta de una esquina, esperando la oportunidad de caer sobre nosotros y convencernos de su verdad. Tales parecen ser las enseñanzas capitales de este escrito.

[77] La misoginia que hemos advertido ya en otros lugares se hace aquí flagrante, ya que es la propia María quien está sometida a una regla que expulsa a las mujeres del Reino de los cielos. Y poco importa que especulemos si se trata de la madre de Jesús o de la Magdalena: ambas son personajes de primerísima importancia en la historia evangélica. Doresse (1989, 214 y s.) alude a un pasaje paralelo en otro escrito gnóstico, el *Diálogo del Salvador*. Judas Tomás pregunta cómo hay que rezar y Jesús le responde que hay que hacerlo donde no haya mujeres. Sin embargo, el propio erudito nos informa que la expresión "yo la sacaré", que suena a expulsión, tiene un matiz diferente en estos documentos, ya que se refiere a las intervenciones de las potencias superiores que sacan de este mundo a los elegidos para conducirlos, a través de los cielos materiales, hasta la luz divina. Clemente de Alejandría, en sus *Extractos de Teodoto*, nos ha conservado un precioso texto gracias al que sabemos que, de acuerdo con las teorías gnósticas, es indispensable que los elementos femeninos se conviertan en elementos masculinos para que éstos se unan a los ángeles y entren todos en el pleroma. Por esta razón, no sólo María, sino la propia Iglesia, ha de convertirse en ángel, si es que por eso hemos de entender que el ángel, criatura espiritual, tiene sexo masculino, aunque el sustantivo griego (o el hebreo, en su caso) sí lo sea. Pero, por otra parte, esta transformación puede contemplarse también como la supresión de los dos sexos, el retorno (tan buscado) a la unidad original. Un

pasaje de los *Estrómata* del propio Clemente es muy claro al respecto y dice: "Salomé le preguntó al Señor cuándo se sabría aquello que le había preguntado [ver más arriba, enunciado 6] y el Señor le contestó: —Cuando los dos sean uno y lo masculino, junto con lo femenino [no sean] ni masculino ni femenino." Es también el propio Clemente quien recuerda la concepción platónica de que el alma, originalmente divina, por deseo concupiscente, cayó en el mundo de la generación y la corrupción. Así, ha de recuperar su masculinidad para recuperar el nivel superior en que vivía. El sabio francés cita a su cofrade, el eminente H. Ch. Puech, que menciona un caso notable, el de Guillaume Belibasta, el último de los "perfectos" del Languedoc, que fue quemado en Tolosa en 1321 por afirmar que las mujeres no podían entrar en el Reino del Padre si los espíritus que habitaban sus cuerpos no se transformaban, después de la muerte, en entes masculinos.

BIBLIOGRAFÍA

ALAND, KURT, *Synopsis quattuor Evangeliorum. Locis parallelis evangeliorum apocryphorum et patrum adhibitis edidit... Editio duodecima ad textum (26) Nestle-Aland et (3) Greek New Testament aptata.* Stuttgart, Deutsche Bibelgesellschaft, 1982.

ALVAR, JAIME y otros (Blázquez, José María; Fernández Ardanaz, Santiago; López Monteagudo, Guadalupe; Lozano, Arminda; Martínez Maza, Mercedes; Piñero, Antonio), *El cristianismo y las religiones mistéricas.* Madrid, Cátedra, 1995.

ANTIGUO TESTAMENTO HEBREO, *Biblia Hebraica Stuttgartensia, quae antea cooperantibus A. Alt, O. Eissfeldt, P. Kahle ediderant, R. Kittel. Editio funditus renovata.* Stuttgart, Deutsche Bibelgesellschaft, 1977.

BAMMEL, ERNST, AND MOULE, C.F. D. (eds.), *Jesus and the Politics of his Day.* Cambridge, Cambridge University Press, 1992.

CROSSAN, JOHN DOMINIC, *The Historical Jesus. The Life of a Mediterranean Jewish Peasant.* New York, Harper Collins, 1992.

DORESSE, JEAN, *El evangelio según Tomás. El evangelio de los evangelios.* Madrid, EDAF, 1989.

FUNK, ROBERT W. AND HOOVER, ROY W. AND THE JESUS SEMINAR, *The Five Gospels. The Search for the*

Authentic Words of Jesus, New York, Macmillan Publishing Company, 1993.

GUTTMANN, JULIUS, *Philosophies of Judaism. A History of Jewish Philosophy from Biblical Times to Franz Rosenzweig.* New York, Schocken Books, 1973.

HOOVER, ROY W. Véase FUNK, ROBERT W.

JAMES, MONTAGUE RHODES, *The Apocryphal New Testament, Being the Apocryphal Gospels, Acts, Epistles and Apocalypses*, Oxford, Clarendon Press, 1953.

MEIER, JOHN P., *A Marginal Jew. Rethinking the Historical Jesus.* New York, Doubleday, 1991.

NUEVO TESTAMENTO TRILINGÜE, Ed. crítica de José María Bover y José O'Callaghan. Madrid, Biblioteca de Autores Cristianos, MCMXCIV.

PAGELS, ELAINE, *Los evangelios gnósticos.* Barcelona, Grijalbo-Mondadori, 1996.

PIÑERO, ANTONIO (ed.), *Fuentes del cristianismo. Tradiciones primitivas sobre Jesús*, Córdoba-Madrid, Ediciones El Almendro, 1993.

PIÑERO, ANTONIO (ed.), *Orígenes del cristianismo. Antecedentes y primeros pasos.* Córdoba-Madrid, Ediciones El Almendro, 1995.

ROBINSON, JAMES M., *The Nag Hammadi Library*, New York, HarperCollins, 1990.

SANDERS, E. P., *The Historical Figure of Jesus*, London, The Penguin Press, 1993.

SANTOS OTERO, AURELIO DE, *Los Evangelios apócrifos*. Madrid, Biblioteca de Autores Cristianos, MCMXCVI.

SEPTUAGINTA, *Id est Vetus Testamentum graece iuxta lxx interpretes, edidit Alfred Rahlfs*, Stuttgart, Deutsche Bibelgesellschaft, 1979.

SCHOLEM, GERSHOM, *Origins of the Kabbalah*, Ohio, Princeton University Press, 1987.

DOCUMENTOS DE INTERNET

EVANGELIO DE TOMÁS. http://listserv.american.ed:80/catholic/other/gospel. thomas (Translations by: Thomas O. Lambdin (Coptic version); B. P. Grenfell and A. S. Hunt (Greek fragments); Bentley Layton (Greek fragments). Commentary By: Craig Schenk.

EVANGELIO DE TOMÁS. http://www.epix.net/ miser17/trans.html (The "Scholars" Translation of the Gospel of Thomas, by Stephen Patterson and Marvin Meyer).

EVANGELIO DE TOMÁS: http://www.geocities.com//Athens/9068/n_apolog. htm (Texto copto y traducción yuxtalineal).

GOSPEL OF THOMAS. http://myhouse.com/rupert/nagham/gospel.htm

GOSPEL OF THOMAS. GREEK TEXT A. From "The Apocryphal New Testament". M. R. Jmes-Translation and Notes. Oxford: Clarendon Press, 1924. http:// wesley.nnc.edu/noncanon/gospels/inftoma.htm

GOSPEL OF THOMAS. GREEK TEXT B. From "The Apocryphal New Testament". M. R. Jmes-Translation and Notes. Oxford: Clarendon Press, 1924. http://wesley.nnc.edu/noncanon/gospels/inftomb.htm

THE GOSPEL OF THOMAS. Here Begins the Treatise of the Boyhood of Jesus According to Thomas. http://www.knight.org/advent/fathers/08050503.htm

THE GOSPEL OF THOMAS. The Writing of the Holy Apostle Thomas Concerning the Childhood of the Lord. (The Gospel of Thomas. Second Greek Form). http://www.knight.org./advent/fathers/08050502.htm

THE GOSPEL OF THOMAS. Thomas the Israelite Philosopher's Account of the Infancy of the Lord. http://www.knight.org/advent/fathers/08050501.htm

THE INFANCY GOSPEL OF THOMAS. http://www.epix.net/miser17/actsinf. html

THE GNOSTICS. A Survey pf Gnostic Beliefs and Gnostic-Christian Ties, by Maged S. Mokhail. http://pharos.bu.edu/cn/articles/Gnostic-Heresies.txt

THE LOST GOSPEL OF ST. THOMAS: http://www.esper.com/RareBird/lost gos. htm

THE SO-CALLED HYMN OF THE PEARL (Translated from the Syriac) (William Wright: Apocryphal Acts of the Apostles, London, 1871). http://webpages. marshall.edu/wiley6/hymn.txt

Las controversias de la fe terminó de imprimirse en enero de 1999, en Litográfica Ingramex, S.A. de C.V. Centeno 162, Col. Granjas Esmeralda, C. P. 09810, México, D.F.